westermann

W0311257

Adelbert von Chamisso

Peter Schlemihls wundersame Geschichte

Henriette-Felicité Robert, geb. Taessart (Paris 1766 bis Berlin 1818):
Brustbild des Dichters Adelbert von Chamisso (1781–1838), Berlin circa 1807.
Bleistiftzeichnung auf chamoisfarbenen Velinpapier, 203 x 151 mm

Adelbert von Chamisso

Peter Schlemihls wundersame Geschichte

An
Adelbert von Chamisso.

Trifft Frank' und Deutscher jetzt zusammen,
Und jeder edlen Muts entbrannt,
So fährt ans tapfre Schwert die Hand,
Und Kampf entsprüht in wilden Flammen.

Wir treffen uns auf höherm Feld,
Wir zwei verklärt in reinerm Feuer.
Heil Dir, mein Frommer, mein Getreuer,
Und dem, was uns verbunden hält!

Fouqué.

Frank' Franzose

Kampf Anspielung auf die kriegerischen Auseinandersetzungen zwischen Frankreich und den deutschen Staaten im Zeitalter der Napoleonischen Kriege (seit 1803) und insbesondere in den sogenannten Befreiungskriegen der Jahre 1813/1814

treffen uns auf höherm Feld begegnen uns nicht auf dem Schlachtfeld, sondern in den höheren ›Gefilden‹ [Regionen] der Poesie

mein Frommer gemeint ist: eifriger Jünger der Dichtkunst

Fouqué → Seite 89

Dem
Herrn
Regierungs-Assessor und Buchhändler

J. E. Hitzig,

J. E. Hitzig
→ Seite 90

Wohlgeboren,

Wohlgeboren
→ Seite 93

in
Berlin.

Titelkupfer – nach einer Zeichnung von Franz Joseph Leopold (1783–1832) – in der Erstausgabe der Erzählung (»Peter Schlemihl's / wundersame Geschichte / mitgetheilt / von Adelbert von Chamisso / und / herausgegeben / von / Friedrich Baron de la Motte Fouqué. / Mit einem Kupfer. / Nürnberg, / bei Johann Leonhard Schrag. / 1814.«); vgl. dazu auch die Erläuterung auf Seite 104

Vorwort.

Vorwort
→ Seite 93

An
Freund Eduard.

Freund Eduard
→ Seite 93

Bewahren, *lieber Eduard*, sollen wir die Geschichte des armen *Schlemihl*, dergestalt bewahren, dass sie vor Augen, die nicht hinzusehn haben, beschirmt bleibe. Das ist eine schlimme Aufgabe. Es gibt solcher Augen eine ganze Menge, und welcher Sterbliche kann die Schicksale eines Manuskriptes bestimmen, eines Dinges, das beinah noch schlimmer zu hüten ist, als ein gesprochenes Wort. Da mach ich's denn wie ein Schwindelnder, der in der Angst lieber gleich in den Abgrund springt; ich lasse die ganze Geschichte drucken.

Und doch, *Eduard*, es gibt ernstere und bessere Gründe für mein Benehmen. Es trügt mich alles, oder in unserm lieben Deutschlande schlagen der Herzen viel, die den armen *Schlemihl* zu verstehen fähig sind und auch wert, und über manch eines echten Landmannes Gesicht wird bei dem herben Scherz, den das Leben mit ihm, und bei dem arglosen, den er mit sich selbst treibt, ein gerührtes Lächeln ziehn. Und Du, mein *Eduard*, wenn Du das grundehrliche Buch ansiehst, und dabei denkst, dass viele unbekannte Herzensverwandte es mit uns lieben lernen, fühlst auch vielleicht einen Balsamtropfen in die heiße Wunde fallen, die Dir und allen, die Dich lieben, der Tod geschlagen hat.

Und endlich: es gibt – ich habe mich durch mannigfache Erfahrung davon überzeugt – es gibt für die gedruckten Bücher einen Genius, der sie in die rechten Hände bringt, und, wenn nicht immer, doch sehr oft die unrechten davon abhält. Auf allen Fall hat er ein unsichtbares Vorhängschloss vor

Schlemihl
→ Seite 93

Landmannes hier: Deutschen

herben bitteren, rauen, widerwärtigen

arglosen unschuldigen, nichts Böses beabsichtigenden

die heiße Wunde …, die Dir … der Tod geschlagen hat
→ Seite 94

endlich schließlich, zuletzt

mannigfache vielfältige

Genius Schutzgeist

jedwedem (altes Pronomen) jedem

Gott befohlen! → Seite 94

jedwedem echten Geistes- und Gemütswerke, und weiß mit einer ganz untrüglichen Geschicklichkeit auf- und zuzuschließen.

Diesem Genius, mein sehr lieber *Schlemihl*, vertraue ich Dein Lächeln und Deine Tränen an, und somit Gott befohlen!

Fouqué.

Du vergissest niemanden, Du wirst Dich noch eines gewissen *Peter Schlemihls* erinnern, den Du in früheren Jahren ein paar Mal bei mir gesehen hast, ein langbeiniger Bursch', den man ungeschickt glaubte, weil er linkisch war und der wegen seiner Trägheit für faul galt. Ich hatte ihn lieb, – Du kannst nicht vergessen haben, *Eduard*, wie er uns einmal in unserer grünen Zeit durch die Sonette lief, ich brachte ihn mit auf einen der poetischen Tees, wo er mir noch während des Schreibens einschlief, ohne das Lesen abzuwarten. Nun erinnere ich mich auch eines Witzes, den Du auf ihn machtest. Du hattest ihn nämlich schon, Gott weiß, wo und wann, in einer alten schwarzen Kurtka gesehen, die er freilich damals noch immer trug, und sagtest: »der ganze Kerl wäre glücklich zu schätzen, wenn seine Seele nur halb so unsterblich wäre, als seine Kurtka.« – So wenig galt er bei Euch. – Ich hatte ihn lieb. – Von diesem *Schlemihl* nun, den ich seit langen Jahren aus dem Gesicht verloren hatte, rührt das Heft her, das ich Dir mitteilen will – Dir nur, *Eduard*, meinem nächsten, innigsten Freund, meinem bessren Ich, vor dem ich kein Geheimnis verwahren kann, teil ich es mit, nur Dir und, es versteht sich von selbst, unserm *Fouqué*, gleich Dir in meiner Seele eingewurzelt – aber in ihm teil ich es bloß dem Freunde mit, nicht dem Dichter. – Ihr werdet einsehen, wie unangenehm es mir sein würde, wenn etwa die Beichte, die ein ehrlicher Mann im Vertrauen auf meine Freundschaft und Redlichkeit an meiner Brust ablegt, in einem Dichterwerke an den Pranger geheftet würde, oder nur wenn überhaupt unheilig verfahren würde, wie mit einem Erzeugnis schlechten Witzes, mit einer Sache, die das nicht ist, und sein darf. Freilich, muss ich selbst gestehen, dass es um die Geschichte schad' ist, die unter des guten Mannes Feder nur albern geworden, dass sie nicht von einer geschickteren fremden Hand in ihrer ganzen komischen Kraft dargestellt werden

Du
→ Seite 94

ungeschickt glaubte für unbeholfen hielt

in unserer grünen Zeit
→ Seite 95

durch die Sonette lief
→ Seite 99

poetischen Tees
→ Seite 99

Kurtka
→ Seite 100

So wenig galt er bei Euch. So abfällig redetet ihr über ihn.

in einem Dichterwerke an den Pranger geheftet als literarisches Werk öffentlich kritisiert

unheilig verfahren pietätlos (respektlos) damit umgegangen

schlechten Witzes von bemüht geistreicher Art

guten rechtschaffenen und bemühten, aber als Schriftsteller unerfahrenen

kann. – Was würde nicht *Jean Paul* daraus gemacht haben. – Übrigens, lieber Freund, mögen hier manche genannt sein, die noch leben; auch das will beachtet sein. –

Noch ein Wort über die Art, wie diese Blätter an mich gelangt sind. Gestern früh bei meinem Erwachen, gab man sie mir ab, – ein wunderlicher Mann, der einen langen, grauen Bart trug, eine ganz abgenützte schwarze Kurtka anhatte, eine botanische Kapsel darüber umgehangen, und bei dem feuchten, regnichten Wetter Pantoffeln über seine Stiefel, hatte sich nach mir erkundigt, und dieses für mich hinterlassen; er hatte, aus Berlin zu kommen, vorgegeben. – – –

Kunersdorf,
den 27sten September 1813.

P. S. Ich lege Dir eine Zeichnung bei, die der kunstreiche *Leopold*, der eben an seinem Fenster stand, von der auffallenden Erscheinung entworfen hat. Als er den Wert, den ich auf diese Skizze legte, gesehen hat, hat er sie mir gerne geschenkt.

Jean Paul → Seite 100

mögen hier manche … beachtet sein. → Seite 101

ein wunderlicher Mann → Seite 101

botanische Kapsel Botanisiertrommel → Seite 103

regnichten regnerischen

Kunersdorf → Seite 104

eine Zeichnung …, die der kunstreiche Leopold → Seite 104

I

Nach einer glücklichen, jedoch für mich sehr beschwerlichen Seefahrt, erreichten wir endlich den Hafen. Sobald ich mit dem Boote ans Land kam, belud ich mich selbst mit meiner kleinen Habseligkeit, und durch das wimmelnde Volk mich drängend, ging ich in das nächste, geringste Haus hinein, vor welchem ich ein Schild hängen sah. Ich begehrte ein Zimmer, der Hausknecht maß mich mit einem Blick und führte mich unters Dach. Ich ließ mir frisches Wasser geben, und genau beschreiben, wo ich den Herrn *Thomas John* aufzusuchen habe: – »Vor dem Nordertor, das erste Landhaus zur rechten Hand, ein großes, neues Haus, von rot und weißem Marmor mit vielen Säulen.« Gut. – Es war noch früh an der Zeit, ich schnürte sogleich mein Bündel auf, nahm meinen neu gewandten schwarzen Rock heraus, zog mich reinlich an in meine besten Kleider, steckte das Empfehlungsschreiben zu mir, und setzte mich alsbald auf den Weg zu dem Manne, der mir bei meinen bescheidenen Hoffnungen förderlich sein sollte.

Nachdem ich die lange Norderstraße hinaufgestiegen, und das Tor erreicht, sah ich bald die Säulen durch das Grüne schimmern – »also hier«, dacht' ich. Ich wischte den Staub von meinen Füßen mit meinem Schnupftuch ab, setzte mein Halstuch in Ordnung, und zog in Gottes Namen die Klingel. Die Tür sprang auf. Auf dem Flur hatt ich ein Verhör zu bestehn, der Portier ließ mich aber anmelden, und ich hatte die Ehre, in den Park gerufen zu werden, wo Herr *John* – mit einer kleinen Gesellschaft sich erging. Ich erkannte gleich den Mann am Glanze seiner wohlbeleibten Selbstzufriedenheit. Er empfing mich sehr gut, – wie ein Reicher einen armen Teufel, wandte sich sogar gegen mich, ohne sich jedoch von der übrigen Gesellschaft abzuwenden, und nahm mir den

geringste schlechteste, armseligste

begehrte ein fragte nach einem

Nordertor → Seite 104

neu gewandten neu gewendeten (die weniger abgenutzte Innenseite wird zur Außenseite)

Rock Gehrock, Jackett: damals die Standardoberbekleidung für Männer

förderlich behilflich

setzte hier: brachte

Halstuch Vorläufer der Krawatte

Portier Türhüter

sich erging spazieren ging

dargehaltenen Brief aus der Hand. – »So, so! von meinem Bruder, ich habe lange nichts von ihm gehört. Er ist doch gesund? – Dort«, fuhr er gegen die Gesellschaft fort, ohne die Antwort zu erwarten, und wies mit dem Brief auf einen Hügel, »dort lass ich das neue Gebäude aufführen.« Er brach das Siegel auf und das Gespräch nicht ab, das sich auf den Reichtum lenkte. »Wer nicht Herr ist wenigstens einer Million«, warf er hinein, »der ist, man verzeihe mir das Wort, ein Schuft!« »O wie wahr!«, rief ich aus mit vollem überströmenden Gefühl. Das musste ihm gefallen, er lächelte mich an und sagte: »Bleiben Sie hier, lieber Freund, nachher hab ich vielleicht Zeit, Ihnen zu sagen, was ich hiezu denke«, er deutete auf den Brief, den er sodann einsteckte, und wandte sich wieder zu der Gesellschaft. – Er bot einer jungen Dame den Arm, andere Herr'n bemühten sich um andere Schönen, es fand sich, was sich passte, und man wallte dem rosenumblühten Hügel zu.

Ich schlich hinterher ohne jemandem beschwerlich zu fallen, denn keine Seele bekümmerte sich weiter um mich. Die Gesellschaft war sehr aufgeräumt, es ward getändelt und gescherzt, man sprach zuweilen von leichtsinnigen Dingen wichtig, von wichtigen öfters leichtsinnig, und gemächlich erging besonders der Witz über abwesende Freunde und deren Verhältnisse. Ich war da zu fremd, um von alledem vieles zu verstehen, zu bekümmert und in mich gekehrt, um den Sinn auf solche Rätsel zu haben.

Wir hatten den Rosenhain erreicht. Die schöne *Fanny*, wie es schien, die Herrin des Tages, wollte aus Eigensinn einen blühenden Zweig selbst brechen, sie verletzte sich an einem Dorn, und wie von den dunkeln Rosen, floss Purpur auf ihre zarte Hand. Dieses Ereignis brachte die ganze Gesellschaft in Bewegung. Es wurde Englisch Pflaster gesucht. Ein stiller, dünner, hag'rer, länglichter, ältlicher Mann, der neben mit-

gegen die Gesellschaft indem er sich an seine Gäste wandte

aufführen errichten

das Siegel den in Wachs gedrückten Stempel (meist ein persönliches Wappenzeichen), mit dem damals Briefe verschlossen wurden

hiezu hierzu

sich passte zueinander passte, miteinander harmonierte

wallte wandelte, ging bedächtig

aufgeräumt heiter, fröhlich

getändelt gewitzelt, geflirtet

gemächlich mühelos

um den Sinn auf solche Rätsel zu haben um solchen Klatsch zu genießen

Rosenhain → Seite 105

Englisch Pflaster Heftpflaster

länglichter langer

ging, und den ich noch nicht bemerkt hatte, steckte sogleich die Hand in die knapp anliegende Schoßtasche seines altfränkischen grautaffentnen Rockes, brachte eine kleine Brieftasche daraus hervor, öffnete sie, und reichte der Dame mit devoter Verbeugung das Verlangte. Sie empfing es ohne Aufmerksamkeit für den Geber und ohne Dank, die Wunde ward verbunden, und man ging weiter den Hügel hinan, von dessen Rücken man die weite Aussicht über das grüne Labyrinth des Parkes nach dem unermesslichen Ozean genießen wollte.

Der Anblick war wirklich groß und herrlich. Ein lichter Punkt erschien am Horizont zwischen der dunkeln Flut und der Bläue des Himmels. »Ein Fernrohr her!«, rief *John*, und noch bevor das auf den Ruf erscheinende Dienervolk in Bewegung kam, hatte der graue Mann, bescheiden sich verneigend, die Hand schon in die Rocktasche gesteckt, daraus einen schönen Dollond hervorgezogen, und es dem Herrn *John* eingehändigt. Dieser, es sogleich an das Aug' bringend, benachrichtigte die Gesellschaft: es sei das Schiff, das gestern ausgelaufen, und das widrige Winde im Angesicht des Hafens zurückehielten. Das Fernrohr ging von Hand zu Hand, und nicht wieder in die des Eigentümers; ich aber sah verwundernd den Mann an, und wusste nicht, wie die große Maschine aus der winzigen Tasche herausgekommen war; es schien aber niemandem aufgefallen zu sein, und man bekümmerte sich nicht mehr um den grauen Mann als um mich selber.

Erfrischungen wurden gereicht, das seltenste Obst aller Zonen in den kostbarsten Gefäßen. Herr *John* machte die Honneurs mit leichtem Anstand und richtete da zum zweiten Mal ein Wort an mich: »Essen Sie nur; das haben Sie auf der See nicht gehabt.« Ich verbeugte mich, aber er sah es nicht, er sprach schon mit jemand anderem.

neben mitging sich am Rande der Gesellschaft hielt

altfränkischen grautaffentnen Rockes altmodischen Jacketts aus grauem Taft (leichter Seide)

devoter demütiger, unterwürfiger

hinan hinauf

lichter heller

Dollond → Seite 105

im Angesicht in Sichtweite

verwundernd mit Verwunderung, mich wundernd

Zonen Weltgegenden

machte die Honneurs mit leichtem Anstand hier: lud seine Gäste mit souveräner Leichtigkeit ein, zuzugreifen (vgl. frz. ›honneurs‹: ›Ehrenbezeigungen‹)

Man hätte sich gern auf den Rasen, am Abhange des Hügels, der ausgespannten Landschaft gegenüber gelagert, hätte man die Feuchtigkeit der Erde nicht gescheut. Es wäre göttlich, meinte wer aus der Gesellschaft, wenn man türkische Teppiche hätte, sie hier auszubreiten. Der Wunsch war nicht sobald ausgesprochen, als schon der Mann im grauen Rock die Hand in der Tasche hatte, und mit bescheidener, ja demütiger Gebärde, einen reichen, golddurchwirkten türkischen Teppich daraus zu ziehen bemüht war. Bediente nehmen ihn in Empfang, als müsse es so sein, und entfalten ihn am begehrten Ort. Die Gesellschaft nahm ohne Umstände Platz darauf; ich wiederum sah betroffen den Mann, die Tasche, den Teppich an, der über zwanzig Schritt in der Länge und zehn in der Breite maß, und rieb mir die Augen, nicht wissend, was ich dazu denken sollte, besonders, da niemand etwas Merkwürdiges darin fand.

ausgespannten ausgedehnten

nicht sobald kaum

der Mann im grauen Rock volkssprachliche Bezeichnung für den Teufel (vgl. auch ›Graurock‹)

reichen, golddurchwirkten kostbaren, mit Goldfäden durchzogenen

begehrten erwünschten (von dem Gast bezeichneten)

Ich hätte gern Aufschluss über den Mann gehabt, und gefragt, wer er sei, nur wusst' ich nicht, an wen ich mich richten sollte, denn ich fürchtete mich fast noch mehr vor den Herr'n Bedienten, als vor den bedienten Herr'n. Ich fasste endlich ein Herz, und trat an einen jungen Mann heran, der mir von minderem Ansehen schien als die andern, und der öfter allein gestanden hatte. Ich bat ihn leise, mir zu sagen, wer der gefällige Mann sei dort im grauen Kleide, – »Dieser? der wie ein Ende Zwirn aussieht, der einem Schneider aus der Nadel entlaufen ist?« »Ja, der allein steht.« – »den kenn ich nicht«, gab er mir zur Antwort, und, wie es schien, eine längere Unterhaltung mit mir zu vermeiden, wandt' er sich weg und sprach von gleichgültigen Dingen mit einem andern.

richten wenden

fasste fasste mir

von minderem Ansehen von den übrigen weniger geachtet zu sein

und und um

Die Sonne fing jetzt stärker zu scheinen an, und ward den Damen beschwerlich; die schöne *Fanny* richtete nachlässig an den grauen Mann, den, soviel ich weiß, noch niemand angeredet hatte, die leichtsinnige Frage: ob er nicht auch vielleicht ein Zelt bei sich habe? Er beantwortete sie durch eine so tiefe Verbeugung, als widerführe ihm eine unverdiente Ehre, und hatte schon die Hand in der Tasche, aus der ich Zeuge, Stangen, Schnüre, Eisenwerk, kurz, alles, was zu dem prachtvollsten Lustzelt gehört, herauskommen sah. Die jungen Herr'n halfen es ausspannen, und es überhing die ganze Ausdehnung des Teppichs – und keiner fand noch etwas Außerordentliches darin. –

Mir war schon lang unheimlich, ja graulich zu Mute, wie ward mir vollends, als beim nächstausgesprochenen Wunsch ich ihn noch aus seiner Tasche drei Reitpferde, ich sage Dir, drei schöne, große Rappen mit Sattel und Zeug, herausziehen sah, – denke Dir, um Gotteswillen! drei gesattelte Pferde noch aus derselben Tasche, woraus schon eine Brieftasche, ein Fernrohr, ein gewirkter Teppich, zwanzig Schritte lang und zehn breit, ein Lustzelt von derselben Größe, und alle dazugehörigen Stangen und Eisen, herausgekommen waren – wenn ich Dir nicht beteuerte, es selbst mit eigenen Augen angesehen zu haben, würdest Du es gewiss nicht glauben. –

So verlegen und demütig der Mann selbst zu sein schien, so wenig Aufmerksamkeit ihm auch die andern schenkten, so ward mir doch seine blasse Erscheinung, von der ich kein Auge abwenden konnte, so schauerlich, dass ich sie nicht länger ertragen konnte.

Ich beschloss, mich aus der Gesellschaft zu stehlen, was bei der unbedeutenden Rolle, die ich darinnen spielte, mir ein Leichtes schien. Ich wollte nach der Stadt zurückkehren, am andern Morgen mein Glück beim Herrn *John* wieder versuchen und, wenn ich den Mut dazu fände, ihn über den seltsamen grauen Mann befragen. – Wäre es mir nur so zu entkommen geglückt!

leichtsinnige leichtfertig dahingeworfene

Zeuge Stoffe, Stoffbahnen

Lustzelt dem geselligen Aufenthalt dienenden Zelt

ausspannen aufbauen

graulich grässlich, entsetzlich (Nebenform von ›greulich‹, die hier auch dazu dient, das Schreckliche mit dem »Mann im grauen Rock« zu verknüpfen)

ward wurde

Zeug Zaumzeug

Ich hatte mich schon wirklich durch den Rosenhain, den Hügel hinab, glücklich geschlichen, und befand mich auf einem freien Rasenplatz, als ich aus Furcht, außer den Wegen durchs Gras gehend angetroffen zu werden, einen forschenden Blick um mich warf. – Wie erschrak ich, als ich den Mann im grauen Rock hinter mir her und auf mich zukommen sah. Er nahm sogleich den Hut vor mir ab, und verneigte sich so tief, als noch niemand vor mir getan hatte. Es war kein Zweifel, er wollte mich anreden, und ich konnte, ohne grob zu sein, es nicht vermeiden. Ich nahm den Hut auch ab, verneigte mich wieder, und stand da in der Sonne mit bloßem Haupt wie angewurzelt. Ich sah ihn voller Furcht stier an, und war wie ein Vogel, den eine Schlange gebannt hat. Er selber schien sehr verlegen zu sein; er hob den Blick nicht auf, verbeugte sich zu verschiedenen Malen, trat näher, und redete mich an mit leiser, unsicherer Stimme, ungefähr im Tone eines Bettelnden.

außer neben

mit bloßem Haupt mit unbedecktem Kopf

stier starr

»Möge der Herr meine Zudringlichkeit entschuldigen, wenn ich es wage, ihn so unbekannterweise aufzusuchen, ich habe eine Bitte an ihn. Vergönnen Sie gnädigst –« »Aber um Gotteswillen, mein Herr!«, brach ich in meiner Angst aus, »was kann ich für einen Mann tun, der« – – – wir stutzten beide, und wurden, wie mir deucht, rot.

ihn so unbekannterweise aufzusuchen mich ohne Vermittlung durch einen Dritten um seine Bekanntschaft zu bemühen

wie mir deucht wie ich glaube

Er nahm nach einem Augenblick des Schweigens wieder das Wort: »Während der kurzen Zeit, wo ich das Glück genoss, mich in Ihrer Nähe zu befinden, hab ich, mein Herr, einige Mal – erlauben Sie, dass ich es Ihnen sage – wirklich mit unaussprechlicher Bewunderung den schönen, schönen Schatten betrachten können, den Sie in der Sonne, und gleichsam mit einer gewissen edlen Verachtung, ohne selbst darauf zu merken, von sich werfen, den herrlichen Schatten da zu Ihren Füßen. Verzeihen Sie mir die freilich kühne Zumutung. Sollten Sie sich wohl nicht abgeneigt finden, mir diesen Ihren Schatten zu überlassen.«

zu merken achtzugeben

freilich kühne Zumutung zweifellos ungewöhnliche, hoffentlich nicht zu aufdringliche oder ungehörige Frage

Er schwieg, und mir ging's wie ein Mühlrad im Kopfe herum. Was sollt' ich aus dem seltsamen Antrag machen, mir meinen Schatten abzukaufen? Er muss verrückt sein, dacht' ich, und mit verändertem Tone, der zu der Demut des seinigen besser passte, erwiderte ich also:

»Ei, ei! guter Freund, habt Ihr denn nicht an Euerm eignen Schatten genug? das heiß ich mir einen Handel von einer ganz absonderlichen Sorte.« Er fiel sogleich wieder ein: »Ich hab in meiner Tasche manches, was dem Herrn nicht ganz unwert scheinen möchte; für diesen unschätzbaren Schatten halt ich den höchsten Preis zu gering.«

Nun überfiel es mich wieder kalt, da ich an die Tasche erinnert ward, und ich wusste nicht, wie ich ihn hatte guter Freund nennen können. Ich nahm wieder das Wort, und suchte es, wo möglich, mit unendlicher Höflichkeit wiedergutzumachen.

»Aber, mein Herr, verzeihen Sie Ihrem untertänigsten Knecht. Ich verstehe wohl Ihre Meinung nicht ganz gut, wie könnt ich nur meinen Schatten – –« Er unterbrach mich: »Ich erbitte mir nur Dero Erlaubnis, hier auf der Stelle diesen edlen Schatten aufheben zu dürfen, und zu mir zu stecken; wie ich das mache, sei meine Sorge. Dagegen als Beweis meiner Erkenntlichkeit gegen den Herrn, überlasse ich ihm die Wahl unter allen Kleinodien, die ich in der Tasche bei mir führe: die echte Springwurzel, die Alraunwurzel, Wechselpfennige, Raubtaler, das Tellertuch von Rolands Knappen, ein Galgenmännlein zu beliebigem Preis; doch, das wird wohl nichts für Sie sein: besser, Fortunati Wünschhütlein, neu und haltbar wieder restauriert; auch ein Glückssäckel, wie der seine gewesen.« »Fortunati Glückssäckel«, fiel ich ihm in die Rede, und wie groß meine Angst auch war, hatte er mit dem einen Wort meinen ganzen Sinn gefangen. Ich bekam einen Schwindel, und es flimmerte mir wie doppelte Dukaten vor den Augen. –

wie ein Mühlrad im Kopfe herum → Seite 105

Schatten abzukaufen → Seite 105

also wie folgt

möchte könnte

zu noch für zu

Dero altertümliche höfliche Anredeform für ›Ihr‹

Kleinodien kleine kostbare Stücke; aber auch: kleine häusliche Werkzeuge

Springwurzel … Galgenmännlein → Seite 106

Fortunati … Glückssäckel → Seite 106

restauriert instand gesetzt

doppelte Dukaten Zweidukatenstücke. Dukaten waren Goldmünzen, die in Deutschland (auch als halbe, ganze und vierfache Dukaten) bis Mitte des 19. Jahrhunderts im Umlauf waren.

»Belieben gnädigst der Herr diesen Säckel zu besichtigen und zu erproben.« Er steckte die Hand in die Tasche und zog einen mäßig großen, fest genähten Beutel von starkem Korduanleder, an zwei tüchtigen ledernen Schnüren heraus und händigte mir selbigen ein. Ich griff hinein, und zog zehn Goldstücke daraus, und wieder zehn, und wieder zehn, und wieder zehn; ich hielt ihm schnell die Hand hin: »Topp! der Handel gilt, für den Beutel haben Sie meinen Schatten.« Er schlug ein, kniete dann ungesäumt vor mir nieder, und mit einer bewundernswürdigen Geschicklichkeit sah ich ihn meinen Schatten, vom Kopf bis zu meinen Füßen, leise von dem Grase lösen, aufheben, zusammenrollen und falten, und zuletzt einstecken. Er stand auf, verbeugte sich noch einmal vor mir, und zog sich dann nach dem Rosengebüsche zurück. Mich dünkt', ich hörte ihn da leise für sich lachen. Ich aber hielt den Beutel bei den Schnüren fest, rund um mich her war die Erde sonnenhell, und in mir war noch keine Besinnung.

fest genähten solide gefertigten

Korduanleder feingegerbtes weiches Ziegenleder aus der Gegend der spanischen Stadt Córdoba

tüchtigen starken

Topp! Einverstanden! (Ausruf der Bekräftigung)

ungesäumt sofort, ohne zu zögern

Mich dünkt', ich hörte ihn Da schien es mir, als hörte ich ihn

II

Ich kam endlich wieder zu Sinnen, und eilte, diesen Ort zu verlassen, wo ich hoffentlich nichts mehr zu tun hatte. Ich füllte erst meine Taschen mit Gold, dann band ich mir die Schnüre des Beutels um den Hals fest, und verbarg ihn selbst auf meiner Brust. Ich kam unbeachtet aus dem Park, erreichte die Landstraße, und nahm meinen Weg nach der Stadt. Wie ich in Gedanken dem Tore zu ging, hört' ich hinter mir schreien: »Junger Herr! he! junger Herr! hören Sie doch!« – Ich sah mich um, ein altes Weib rief mir nach: »Sehe sich der Herr doch vor, Sie haben Ihren Schatten verloren.« – »Danke, Mütterchen!«, ich warf ihr ein Goldstück für den wohlgemeinten Rat hin, und trat unter die Bäume.

in Gedanken dem Tore zu ging mich gedankenversunken dem Tore näherte

Am Tore musst' ich gleich wieder von der Schildwacht hören: »Wo hat der Herr seinen Schatten gelassen?« und gleich wieder darauf von ein paar Frauen: »Jesus Maria! der arme Mensch hat keinen Schatten!« Das fing an mich zu verdrießen, und ich vermied sehr sorgfältig, in die Sonne zu treten. Das ging aber nicht überall an, zum Beispiel nicht über die Breitestraße, die ich zunächst durchkreuzen musste, und zwar, zu meinem Unheil, in eben der Stunde, wo die Knaben aus der Schule gingen. Ein verdammter buckeliger Schlingel, ich seh ihn noch, hatte es gleich weg, dass mir ein Schatten fehle. Er verriet mich mit großem Geschrei der sämtlichen literarischen Straßenjugend der Vorstadt, welche sofort mich zu rezensieren und mit Kot zu bewerfen anfing: »Ordentliche Leute pflegten ihren Schatten mit sich zu nehmen, wann sie in die Sonne gingen.« Um sie von mir abzuwehren, warf ich Gold zu vollen Händen unter sie, und sprang in einen Mietswagen, zu dem mir mitleidige Seelen verhalfen.

Sobald ich mich in der rollenden Kutsche allein fand, fing ich bitterlich an zu weinen. Es musste schon die Ahnung in mir aufsteigen: dass, um so viel das Gold auf Erden Verdienst und Tugend überwiegt, um so viel der Schatten höher als selbst das Gold geschätzt werde; und wie ich früher den Reichtum meinem Gewissen aufgeopfert, hatte ich jetzt den Schatten für bloßes Geld hingegeben, was konnte, was sollte auf Erden aus mir werden!

Ich war noch sehr verstört, als der Wagen vor meinem alten Wirtshaus hielt, ich erschrak über die Vorstellung, nur noch jenes schlechte Dachzimmer zu betreten. Ich ließ mir meine Sachen herabholen, empfing den ärmlichen Bündel mit Verachtung, warf einige Goldstücke hin, und befahl, vor das vornehmste Hotel vorzufahren. Das Haus war gegen Norden gelegen, ich hatte die Sonne nicht zu fürchten, ich schickte den Kutscher mit Gold weg, ließ mir die besten

der Schildwacht dem Wachtposten

Jesus Maria! (Ausruf des Schreckens frommer Katholiken)

ging … an war … möglich, ließ sich … bewerkstelligen

weg gemerkt

literarischen Straßenjugend → Seite 107

rezensieren ironisch für: bekritteln, schmähen

wann wenn

Seelen hier einfach: Menschen (vgl. etwa die Redewendung ›keine Seele ließ sich blicken‹)

nur noch jenes schlechte Dachzimmer zu betreten jenes schlichte (ärmliche) Dachzimmer auch nur noch einmal zu betreten

Zimmer vorn heraus zur Straße, nicht zum Hof hin (wo die weniger vornehmen Gäste einquartiert wurden)

anweisen geben

Estrich »Ein von viereckten und andern Steinen gepflasterter Fußboden eines Zimmers« (Adelung, Grammatisch-kritisches Wörterbuch der Hochdeutschen Mundart, 1774–1786 und 1793–1801)

Haller, Humboldt und Linné → Seite 107

der »Zauberring« → Seite 108

Zimmer vorn heraus anweisen, und verschloss mich darin, sobald ich konnte.

Was denkest Du, das ich nun anfing? – O mein lieber *Chamisso*, selbst vor Dir es zu gestehen, macht mich erröten. Ich zog den unglücklichen Säckel aus meiner Brust hervor, und mit einer Art Wut, die, wie eine flackernde Feuersbrunst, sich in mir durch sich selbst mehrte, zog ich Gold daraus, und Gold, und Gold, und immer mehr Gold, und streute es auf den Estrich, und schritt darüber hin, und ließ es klirren, und warf, mein armes Herz an dem Glanze, an dem Klange weidend, immer des Metalles mehr zu dem Metalle, bis ich ermüdet selbst auf das reiche Lager sank und schwelgend darin wühlte, mich darüber wälzte. So verging der Tag, der Abend, ich schloss meine Tür nicht auf, die Nacht fand mich liegend auf dem Golde, und darauf übermannte mich der Schlaf.

Da träumt' es mir von Dir, es ward mir, als stünde ich hinter der Glastür Deines kleinen Zimmers, und sähe Dich von da an Deinem Arbeitstische zwischen einem Skelett und einem Bunde getrockneter Pflanzen sitzen, vor Dir waren Haller, Humboldt und Linné aufgeschlagen, auf Deinem Sofa lagen ein Band Goethe und der »Zauberring«, ich betrachtete Dich lange, und jedes Ding in Deiner Stube, und dann Dich wieder, Du rührtest Dich aber nicht, Du holtest auch nicht Atem, Du warst tot.

Ich erwachte. Es schien noch sehr früh zu sein. Meine Uhr stand. Ich war wie zerschlagen, durstig und hungrig auch noch, ich hatte seit dem vorigen Morgen nichts gegessen. Ich stieß von mir mit Unwillen und Überdruss dieses Gold, an dem ich kurz vorher mein törichtes Herz gesättiget; nun wusst' ich verdrießlich nicht, was ich damit anfangen sollte. Es durfte nicht so liegen bleiben – ich versuchte, ob es der Beutel wieder verschlingen wollte – Nein. Keines meiner Fenster öffnete sich über die See. Ich musste mich bequemen, es mühsam und mit sauerm Schweiß zu einem großen Schrank, der in einem Kabinett stand, zu schleppen, und es darin zu verpacken. Ich ließ nur einige Handvoll da liegen. Nachdem ich mit der Arbeit fertig geworden, legt' ich mich erschöpft in einen Lehnstuhl, und erwartete, dass sich Leute im Hause zu regen anfingen. Ich ließ, sobald es möglich war, zu essen bringen, und den Wirt zu mir kommen.

Ich besprach mit diesem Mann die künftige Einrichtung meines Hauses. Er empfahl mir für den nähern Dienst um meine Person einen gewissen *Bendel*, dessen treue und verständige Physiognomie mich gleich gewann. Derselbe war's, dessen Anhänglichkeit mich seither tröstend durch das Elend des Lebens begleitete und mir mein düstres Los ertragen half. Ich brachte den ganzen Tag auf meinen Zimmern, mit herrenlosen Knechten, Schustern, Schneidern und Kaufleuten zu, ich richtete mich ein, und kaufte besonders sehr viele Kostbarkeiten und Edelsteine, um nur etwas des vielen aufgespeicherten Goldes los zu sein; es schien aber gar nicht, als könne der Haufen sich vermindern.

Ich schwebte indes über meinen Zustand in den ängstigendsten Zweifeln. Ich wagte keinen Schritt aus meiner Tür, und ließ abends vierzig Wachskerzen in meinem Saal anzünden, bevor ich aus dem Dunkel herauskam. Ich gedachte mit Grauen des fürchterlichen Auftrittes mit den Schulknaben. Ich beschloss, so viel Mut ich auch dazu bedurfte, die öffentliche Meinung noch einmal zu prüfen. – Die Nächte waren zu der Zeit mondhell. Abends spät warf ich einen weiten Mantel um, drückte mir den Hut tief in die Augen, und schlich, zitternd wie ein Verbrecher, aus dem Hause. Erst auf einem entlegenen Platz trat ich aus dem Schatten der Häuser, in deren Schutz ich so weit gekommen war, an das Mondeslicht hervor; gefasst, mein Schicksal aus dem Munde der Vorübergehenden zu vernehmen.

Kabinett (kleineren) Nebenzimmer, Arbeitszimmer

Einrichtung meines Hauses Organisation meines Haushalts

Bendel → Seite 108

verständige Physiognomie intelligente und sympathische Gesichtszüge

gewann für ihn einnahm (meine Sympathie gewann)

indes Nebenform von indessen: unterdessen, inzwischen

des an den

Erspare mir, lieber Freund, die schmerzliche Wiederholung alles dessen, was ich erdulden musste. Die Frauen bezeugten oft das tiefste Mitleid, das ich ihnen einflößte; Äußerungen, die mir die Seele nicht minder durchbohrten, als der Hohn der Jugend und die hochmütige Verachtung der Männer, besonders solcher dicken, wohlbeleibten, die selbst einen breiten Schatten warfen. Ein schönes, holdes Mädchen, die, wie es schien, ihre Eltern begleitete, indem diese bedächtig nur vor ihre Füße sahen, wandte von ungefähr ihr leuchtendes Auge auf mich; sie erschrak sichtbarlich, da sie meine Schattenlosigkeit bemerkte, verhüllte ihr schönes Antlitz in ihren Schleier, ließ den Kopf sinken, und ging lautlos vorüber.

holdes liebenswürdiges

von ungefähr zufällig, ohne tiefere Absicht

da als

Ich ertrug es länger nicht. Salzige Ströme brachen aus meinen Augen, und mit durchschnittenem Herzen zog ich mich schwankend ins Dunkel zurück. Ich musste mich an den Häusern halten, um meine Schritte zu sichern, und erreichte langsam und spät meine Wohnung.

um meine Schritte zu sichern um nicht zu wanken

Ich brachte die Nacht schlaflos zu. Am andern Tage war meine erste Sorge, nach dem Manne im grauen Rocke überall suchen zu lassen. Vielleicht sollte es mir gelingen, ihn wiederzufinden, und wie glücklich! wenn ihn, wie mich, der törichte Handel gereuen sollte. Ich ließ *Bendel* vor mir kommen, er schien Gewandtheit und Geschick zu besitzen, – ich schilderte ihm genau den Mann, in dessen Besitz ein Schatz sich befand, ohne den mir das Leben nur eine Qual sei. Ich sagte ihm die Zeit, den Ort, wo ich ihn gesehen; beschrieb ihm alle, die zugegen gewesen, und fügte dieses Zeichen noch hinzu: er solle sich nach einem Dollond'schen Fernrohr, nach einem golddurchwirkten türkischen Teppich, nach einem Prachtlustzelt, und endlich nach den schwarzen Reithengsten genau erkundigen, deren Geschichte, ohne zu bestimmen wie, mit der des rätselhaften Mannes zusammenhinge, welcher allen unbedeutend geschienen, und des-

vor zu

Dollond'schen Fernrohr (siehe Seite 105)

ohne zu bestimmen wie ohne dass ich genau erklärte, auf welche Weise

sen Erscheinung die Ruhe und das Glück meines Lebens zerstört hatte.

Wie ich ausgeredet, holt' ich Gold her, eine Last, wie ich sie nur zu tragen vermochte, und legte Edelsteine und Juwelen noch hinzu für einen größern Wert. »*Bendel*«, sprach ich, »dieses ebnet viele Wege, und macht vieles leicht, was unmöglich schien; sei nicht karg damit, wie ich es nicht bin, sondern geh, und erfreue Deinen Herrn mit Nachrichten, auf denen seine alleinige Hoffnung beruht.«

karg übertrieben sparsam, geizig

Er ging. Spät kam er und traurig zurück. Keiner von den Leuten des Herrn *John*, keiner von seinen Gästen, er hatte alle gesprochen, wusste sich nur entfernt an den Mann im grauen Rocke zu erinnern. Der neue Teleskop war da, und keiner wusste, wo er hergekommen; der Teppich, das Zelt waren da noch auf demselben Hügel ausgebreitet und aufgeschlagen, die Knechte rühmten den Reichtum ihres Herrn, und keiner wusste, von wannen diese neuen Kostbarkeiten ihm zugekommen. Er selbst hatte sein Wohlgefallen daran, und ihn kümmerte es nicht, dass er nicht wisse, woher er sie habe; die Pferde hatten die jungen Herren, die sie geritten, in ihren Ställen, und sie priesen die Freigebigkeit des Herrn *John*, der sie ihnen an jenem Tage geschenkt. So viel erhellte aus der ausführlichen Erzählung *Bendels*, dessen rascher Eifer und verständige Führung, auch bei so fruchtlosem Erfolg, mein verdientes Lob erhielten. Ich winkte ihm düster, mich alleinzulassen.

Der neue Teleskop Das neue Fernrohr

von wannen woher → Seite 108

erhellte wurde … deutlich

Führung Aufführung. Verhalten, Handlungsweise

»Ich habe«, hub er wieder an, »meinem Herrn Bericht abgestattet, über die Angelegenheit, die ihm am wichtigsten war. Mir bleibt noch ein Auftrag auszurichten, den mir heute früh jemand gegeben, welchem ich vor der Tür begegnete, da ich zu dem Geschäfte ausging, wo ich so unglücklich gewesen. Die eigenen Worte des Mannes waren: ›Sagen Sie dem Herrn *Peter Schlemihl*, er würde mich hier nicht mehr sehen, da ich übers

hub hob, fing

da als

so unglücklich leider so erfolglos

Meer gehe; und ein günstiger Wind mich soeben nach dem Hafen ruft. Aber über Jahr und Tag werde ich die Ehre haben, ihn selber aufzusuchen, und ein anderes, ihm dann vielleicht annehmliches Geschäft, vorzuschlagen. Empfehlen Sie mich ihm untertänigst, und versichern ihn meines Dankes.‹ Ich frug ihn, wer er wäre, er sagte aber, Sie kennten ihn schon.«

»Wie sah der Mann aus?«, rief ich voller Ahnung. Und *Bendel* beschrieb mir den Mann im grauen Rocke Zug für Zug, Wort für Wort, wie er getreu in seiner vorigen Erzählung des Mannes erwähnt, nach dem er sich erkundigt. –

»Unglücklicher«, schrie ich händeringend, »das war er ja selbst!«, und ihm fiel es wie Schuppen von den Augen. – »Ja, er war es, war es wirklich«, rief er erschreckt aus, »und ich Verblendeter, Blödsinniger habe ihn nicht erkannt: ihn nicht erkannt und meinen Herrn verraten.«

Er brach, heiß weinend, in die bittersten Vorwürfe gegen sich selber aus, und die Verzweiflung, in der er war, musste mir selber Mitleiden einflößen. Ich sprach ihm Trost ein, versicherte ihn wiederholt, ich setzte keinen Zweifel in seine Treue, und schickte ihn alsbald nach dem Hafen, um, wo möglich, die Spuren des seltsamen Mannes zu verfolgen. Aber an diesem selben Morgen waren sehr viele Schiffe, die widrige Winde im Hafen zurückgehalten, ausgelaufen, alle nach anderen Weltstrichen, alle nach anderen Küsten bestimmt; und der graue Mann war spurlos wie ein Schatten verschwunden.

über Jahr und Tag → Seite 109 (vgl. S. 36, Z. 30)

frug fragte

des Mannes erwähnt den Mann geschildert hatte

ich … Blödsinniger ich … Idiot (›blödsinnig‹ bedeutet hier: ›schwach von Verstand‹)

Mitleiden Mitleid, Mitgefühl

ein zu

ihn ihm

Weltstrichen Weltgegenden

III

Was hülfen Flügel dem in eisernen Ketten fest Angeschmiedeten? Er müsste dennoch, und schrecklicher, verzweifeln. Ich lag, wie Faffner bei seinem Hort, fern von jedem mensch-

wie Faffner bei seinem Hort → Seite 109

lichen Zuspruch, bei meinem Golde darbend, aber ich hatte nicht das Herz nach ihm, sondern ich fluchte ihm, um dessentwillen ich mich von allem Leben abgeschnitten sah. Bei mir allein mein düstres Geheimnis hegend, fürchtete ich mich vor dem letzten meiner Knechte, den ich zugleich beneiden musste; denn er hatte einen Schatten, er durfte sich sehen lassen in der Sonne. Ich vertrauerte einsam in meinen Zimmern die Tag' und Nächte, und Gram zehrte an meinem Herzen.

Noch einer härmte sich unter meinen Augen ab, mein treuer *Bendel* hörte nicht auf, sich mit stillen Vorwürfen zu martern, dass er das Zutrauen seines gütigen Herrn betrogen, und jenen nicht erkannt, nach dem er ausgeschickt war, und mit dem er mein trauriges Schicksal in enger Verflechtung denken musste. Ich aber konnte ihm keine Schuld geben, ich erkannte in dem Ereignis die fabelhafte Natur des Unbekannten.

Nichts unversucht zu lassen, schickt' ich einst *Bendel* mit einem kostbaren brillantenen Ring zu dem berühmtesten Maler der Stadt, den ich, mich zu besuchen, einladen ließ. Er kam, ich entfernte meine Leute, verschloss die Tür, setzte mich zu dem Mann, und, nachdem ich seine Kunst gepriesen, kam ich mit schwerem Herzen zur Sache, ich ließ ihn zuvor das strengste Geheimnis geloben.

»Herr Professor«, fuhr ich fort, »könnten Sie wohl einem Menschen, der auf die unglücklichste Weise von der Welt um seinen Schatten gekommen ist, einen falschen Schatten malen?« – »Sie meinen einen Schlagschatten?« – »den mein ich allerdings.« – »Aber«, frug er mich weiter, »durch welche Ungeschicklichkeit, durch welche Nachlässigkeit konnte er denn seinen Schlagschatten verlieren?« – »Wie es kam«, erwiderte ich, »mag nun sehr gleichgültig sein, doch so viel«, log ich ihm unverschämt vor: »In Russland, wo er im

bei meinem Golde darbend ungeachtet meines Reichtums Mangel leidend

hatte nicht das Herz nach ihm verlangte nicht nach ihm, zog keinen Genuss aus seinem Besitz

härmte sich … ab grämte sich, litt sichtlich

betrogen enttäuscht hatte (nicht hatte rechtfertigen können)

die fabelhafte Natur das geheimnisvoll-unwirkliche, trügerische Wesen

einst eines Tages

Schlagschatten → Seite 109

vorigen Winter eine Reise tat, fror ihm einmal, bei einer außerordentlichen Kälte, sein Schatten dergestalt am Boden fest, dass er ihn nicht wieder losbekommen konnte.«

»Der falsche Schlagschatten, den ich ihm malen könnte«, erwiderte der Professor, »würde doch nur ein solcher sein, den er bei der leisesten Bewegung wieder verlieren müsste, – zumal wer an dem eignen angebornen Schatten so wenig festhing, als aus Ihrer Erzählung selbst sich abnehmen lässt; wer keinen Schatten hat, gehe nicht in die Sonne, das ist das Vernünftigste und Sicherste.« Er stand auf und entfernte sich, indem er auf mich einen durchbohrenden Blick warf, den der meine nicht ertragen konnte. Ich sank in meinen Sessel zurück, und verhüllte mein Gesicht in meine Hände.

abnehmen herauslesen, erkennen, schließen

So fand mich noch *Bendel*, als er hereintrat. Er sah den Schmerz seines Herrn, und wollte sich still, ehrerbietig zurückziehen. – Ich blickte auf – ich erlag unter der Last meines Kummers, ich musste ihn mitteilen. »*Bendel*«, rief ich ihm zu, »*Bendel!* Du Einziger, der Du meine Leiden siehst und ehrst, sie nicht erforschen zu wollen, sondern still und fromm mitzufühlen scheinst, komm zu mir, *Bendel*, und sei der Nächste meines Herzens. Die Schätze meines Goldes hab ich vor Dir nicht verschlossen, nicht verschließen will ich vor Dir die Schätze meines Grames. – *Bendel*, verlasse mich nicht. *Bendel*, Du siehst mich reich, freigebig, gütig, Du wähnst, es sollte die Welt mich verherrlichen, und Du siehst mich die Welt fliehn, und mich vor ihr verschließen. *Bendel*, sie hat gerichtet, die Welt, und mich verstoßen, und auch Du vielleicht wirst Dich von mir wenden, wenn Du mein schreckliches Geheimnis erfährst: *Bendel*, ich bin reich, freigebig, gütig, aber – o Gott! – ich habe keinen Schatten!« –

erlag unter der Last meines Kummers konnte mein Leid nicht mehr länger allein ertragen

wähnst glaubst

verherrlichen ehren

die Welt fliehn mich vor den Menschen zurückziehen

»Keinen Schatten?«, rief der gute Junge erschreckt aus, und die hellen Tränen stürzten ihm aus den Augen. – »Weh mir, dass ich geboren ward, einem schattenlosen Herrn zu dienen!« Er schwieg, und ich hielt mein Gesicht in meinen Händen. –

»Bendel«, setzt' ich spät und zitternd hinzu, »nun hast Du mein Vertrauen, nun kannst Du es verraten. Geh hin und zeuge wider mich.« – Er schien in schwerem Kampfe mit sich selber, endlich stürzte er vor mir nieder, und ergriff meine Hand, die er mit seinen Tränen benetzte. »Nein«, rief er aus, »was die Welt auch meine, ich kann und werde um Schattens willen meinen gütigen Herrn nicht verlassen, ich werde recht, und nicht klug handeln, ich werde bei Ihnen bleiben, Ihnen meinen Schatten borgen, Ihnen helfen, wo ich kann, mit Ihnen weinen.« Ich fiel ihm um den Hals, ob solcher ungewohnten Gesinnung staunend; denn ich war von ihm überzeugt, dass er es nicht um Geld tat.

Seitdem änderten sich in etwas mein Schicksal und meine Lebensweise. Es ist unbeschreiblich, wie vorsorglich *Bendel* mein Gebrechen zu verhehlen wusste. Überall war er vor mir und mit mir, alles vorhersehend, Anstalten treffend, und wo Gefahr unversehens drohte, mich schnell mit seinem Schatten überdeckend, denn er war größer und stärker als ich. So wagt' ich mich wieder unter die Menschen, und begann eine Rolle in der Welt zu spielen. Ich musste freilich viele Eigenheiten und Launen scheinbar annehmen. Solche stehen aber dem Reichen gut, und solange die Wahrheit nur verborgen blieb, genoss ich alle der Ehre und Achtung, die meinem Golde zukam. Ich sah ruhiger dem über Jahr und Tag verheißenen Besuch des rätselhaften Unbekannten entgegen.

Ich fühlte sehr wohl, dass ich mich nicht lange an einem Ort aufhalten durfte, wo man mich schon ohne Schatten gesehen, und wo ich leicht verraten werden konnte; auch dacht' ich vielleicht nur allein noch daran, wie ich mich bei Herrn

zeuge wider mich beschuldige mich (vor Gericht), lege Zeugnis ab gegen mich. Die Wendung ›Geh hin‹ erinnert an Äußerungen des Heilands Jesus Christus im Neuen Testament und rückt Schlemihl so in eine gewisse Märtyrerrolle.

ob wegen, über (gehobener und schon damals etwas veralteter Sprachgebrauch)

in etwas in einem gewissen Grade

Gebrechen → Seite 109

stärker wohl: breiter gebaut

John gezeigt, und es war mir eine drückende Erinnerung, demnach wollt' ich hier bloß Probe halten, um anderswo leichter und zuversichtlicher auftreten zu können – doch fand sich, was mich eine Zeitlang an meine Eitelkeit festhielt: das ist im Menschen, wo der Anker am zuverlässigsten Grund fasst.

am dritten Ort andernorts, bei anderer Gelegenheit

Witz eine geistreiche Art

eitel darauf, sie über mich eitel zu machen begierig, sie für mich zu interessieren und zu veranlassen, sich meinetwegen in Szene zu setzen

Eben die schöne *Fanny*, der ich am dritten Ort wieder begegnete, schenkte mir, ohne sich zu erinnern, mich jemals gesehen zu haben, einige Aufmerksamkeit, denn jetzt hatt' ich Witz und Verstand. – Wenn ich redete, hörte man zu, und ich wusste selber nicht, wie ich zu der Kunst gekommen war, das Gespräch so leicht zu führen und zu beherrschen. Der Eindruck, den ich auf die Schöne gemacht zu haben einsah, machte aus mir, was sie eben begehrte, einen Narren, und ich folgte ihr seither mit tausend Mühen durch Schatten und Dämmerung, wo ich nur konnte. Ich war nur eitel darauf, sie über mich eitel zu machen, und konnte mir, selbst mit dem besten Willen, nicht den Rausch aus dem Kopf ins Herz zwingen.

gemeine alltägliche, triviale

Aber wozu die ganz gemeine Geschichte Dir lang und breit wiederholen? – Du selber hast sie mir oft genug von andern Ehrenleuten erzählt. – Zu dem alten wohlbekannten Spiele, worin ich gutmütig eine abgedroschene Rolle übernommen, kam freilich eine ganz eigens gedichtete Katastrophe hinzu, mir und ihr und allen unerwartet.

ihr Redesarten vorzudrechseln ihr mit Redensarten (mit vorgestanzten Sprüchen) zu imponieren

sittig sittsam, züchtig

Da ich an einem schönen Abend nach meiner Gewohnheit eine Gesellschaft in einem Garten versammelt hatte, wandelte ich mit der Herrin Arm in Arm, in einiger Entfernung von den übrigen Gästen, und bemühte mich, ihr Redesarten vorzudrechseln. Sie sah sittig vor sich nieder, und erwiderte leise den Druck meiner Hand; da trat unversehens hinter uns der Mond aus den Wolken hervor – und sie sah nur *ihren* Schatten vor sich hinfallen. Sie fuhr zusammen und blickte bestürzt mich an, dann wieder auf die Erde, mit dem Auge meinen Schatten begehrend; und was in ihr vorging, malte sich so sonderbar in ihren Mienen, dass ich in ein lautes Gelächter hätte ausbrechen mögen, wenn es mir nicht selber eiskalt über den Rücken gelaufen wäre.

Ich ließ sie aus meinem Arm in eine Ohnmacht sinken, schoss wie ein Pfeil durch die entsetzten Gäste, erreichte die Tür, warf mich in den ersten Wagen, den ich da haltend fand, und fuhr nach der Stadt zurück, wo ich diesmal zu meinem Unheil den vorsichtigen *Bendel* gelassen hatte. Er erschrak, als er mich sah, *ein* Wort entdeckte ihm alles. Es wurden auf der Stelle Postpferde geholt. Ich nahm nur einen meiner Leute mit mir, einen abgefeimten Spitzbuben, namens *Rascal*, der sich mir durch seine Gewandtheit notwendig zu machen gewusst, und der nichts vom heutigen Vorfall ahnen konnte. Ich legte in derselben Nacht noch dreißig Meilen zurück. *Bendel* blieb hinter mir, mein Haus aufzulösen, Gold zu spenden, und mir das Nötigste nachzubringen. Als er mich am andern Tage einholte, warf ich mich in seine Arme, und schwur ihm, nicht etwa keine Torheit mehr zu begehen, sondern nur künftig vorsichtiger zu sein. Wir setzten unsre Reise ununterbrochen fort, über die Grenze und das Gebirg, und erst am andern Abhang durch das hohe Bollwerk von jenem Unglücksboden getrennt, ließ ich mich bewegen, in einem nah gelegenen, und wenig besuchten Bad'ort von den überstandenen Mühseligkeiten auszurasten.

IV

Ich werde in meiner Erzählung schnell über eine Zeit hineilen müssen, bei der ich, wie gerne, verweilen würde, wenn ich ihren lebendigen Geist in der Erinnerung heraufzube-

meinen Schatten begehrend nach meinem Schatten suchend

ein Wort entdeckte ihm alles nach wenigen Worten war er über alles im Bilde

Postpferde Pferde, die an Poststationen bereitgehalten wurden, um die ermüdeten Tiere eintreffender Kutschen oder Boten zu ersetzen

abgefeimten durchtriebenen

Rascal ein sprechender Name, da das englische Wort ›rascal‹ ›Schuft, Schurke, Halunke‹ bedeutet

notwendig unersetzlich

Meilen Eine preußische Meile entsprach etwa 7,5 Kilometern.

hinter mir (vorläufig) zurück

auszurasten auszuruhen, mich zu erholen

schwören vermöchte. Aber die Farbe, die sie belebte, und nur wiederbeleben kann, ist in mir verloschen, und wann ich in meiner Brust wiederfinden will, was sie damals so mächtig erhob, die Schmerzen und das Glück, den frommen Wahn, – da schlag ich vergebens an einen Felsen, der keinen lebendigen Quell mehr gewährt, und der Gott ist von mir gewichen. Wie verändert blickt sie mich jetzt an, diese vergangene Zeit! – Ich sollte dort in dem Bade eine heroische Rolle tragieren, schlecht einstudiert, und ein Neuling auf der Bühne, vergafft' ich mich aus dem Stücke heraus in ein Paar blaue Augen. Die Eltern, vom Spiele getäuscht, bieten alles auf, den Handel nur schnell festzumachen, und die gemeine Posse beschließt eine Verhöhnung. Und das ist alles, alles! – Das kommt mir albern und abgeschmackt vor, und schrecklich wiederum, dass so mir vorkommen kann, was damals so reich, so groß, die Brust mir schwellte. *Mina*, wie ich damals weinte, als ich dich verlor, so wein ich jetzt, dich auch in mir verloren zu haben. Bin ich denn so alt worden? – o traurige Vernunft! Nur noch ein Pulsschlag jener Zeit, ein Moment jenes Wahnes – aber nein! einsam auf dem hohen öden Meere deiner bittern Flut, und längst aus dem letzten Pokale der Champagner Elfe entsprüht!

Ich hatte *Bendel* mit einigen Goldsäcken vorausgeschickt, um mir im Städtchen eine Wohnung nach meinen Bedürfnissen einzurichten. Er hatte dort viel Geld ausgestreut, und sich über den vornehmen Fremden, dem er diente, etwas unbestimmt ausgedrückt, denn ich wollte nicht genannt sein, das brachte die guten Leute auf sonderbare Gedanken. Sobald mein Haus zu meinem Empfang bereit war, kam *Bendel* wieder zu mir, und holte mich dahin ab. Wir machten uns auf die Reise.

Ungefähr eine Stunde vom Orte, auf einem sonnigen Plan, ward uns der Weg durch eine festlich geschmückte Menge

- *wann* wenn
- *schlag ich … von mir gewichen* → Seite 110
- *dem Bade* dem Badeort, dem Kurort
- *tragieren* in pathetischer Weise spielen
- *den Handel* das Geschäft
- *die gemeine Posse* das triviale Possenspiel, den öden Schwank
- *beschließt eine* endet in einer
- *Pokale* Pokal, kostbarer Trinkbecher mit Fuß und oft auch Deckel
- *der Champagner Elfe entsprüht!* → Seite 110
- *wollte nicht genannt sein* wollte meinen Namen nicht preisgeben, wollte mein Inkognito nicht lüften
- *eine Stunde vom Orte* eine Wegstunde vom Ort entfernt
- *Plan* Ebene

versperrt. Der Wagen hielt. Musik, Glockengeläute, Kanonenschüsse wurden gehört, ein lautes Vivat durchdrang die Luft, – vor dem Schlage des Wagens erschien in weißen Kleidern ein Chor Jungfrauen von ausnehmender Schönheit, die aber vor der Einen, wie die Sterne der Nacht vor der Sonne verschwanden. Sie trat aus der Mitte der Schwestern hervor; die hohe zarte Bildung kniete verschämt errötend vor mir nieder, und hielt mir auf seidenem Kissen einen aus Lorbeer, Ölzweigen und Rosen geflochtenen Kranz entgegen, indem sie von Majestät, Ehrfurcht und Liebe einige Worte sprach, die ich nicht verstand, aber deren zauberischer Silberklang mein Ohr und Herz berauschten, – es war mir, als wäre schon einmal die himmlische Erscheinung an mir vorübergewallt. Der Chor fiel ein, und sang das Lob eines guten Königes und das Glück seines Volkes.

Und dieser Auftritt, lieber Freund, mitten in der Sonne, – sie kniete noch immer zwei Schritte von mir, und ich, ohne Schatten, konnte die Kluft nicht überspringen, nicht wieder vor dem Engel auf die Knie fallen. O, was hätt ich nicht da für einen Schatten gegeben. Ich musste meine Scham, meine Angst, meine Verzweiflung tief in den Grund meines Wagens verbergen. *Bendel* besann sich endlich für mich, er sprang von der andern Seite aus dem Wagen heraus, ich rief ihn noch zurück und reichte ihm aus meinem Kästchen, das mir eben zur Hand lag, eine reiche diamantene Krone, die die schöne *Fanny* hatte zieren sollen. Er trat vor, und sprach im Namen seines Herrn, welcher solche Ehrenbezeugungen nicht annehmen könne noch wolle; es müsse hier ein Irrtum vorwalten, jedoch seien die guten Einwohner der Stadt für ihren guten Willen bedankt. Er nahm indes den dargehaltenen Kranz von seinem Ort, und legte den brillantenen Reif an dessen Stelle; dann reichte er ehrerbietig der schönen Jungfrau die Hand zum Aufstehen, entfernte mit einem

Vivat Hochruf, Lebehoch

dem Schlage der (seitlichen) Tür

verschwanden verblassten

Schwestern Gefährtinnen

Bildung Erscheinung

Lorbeer, Ölzweigen und Rosen Die drei Pflanzen stehen für Ruhm, Frieden und Liebe.

wieder meinerseits

das mir eben zur Hand lag das ich gerade griffbereit hatte

dargehaltenen dargebotenen

Wink Geistlichkeit, Magistratus und alle Deputationen. Niemand ward weiter vorgelassen. Er hieß den Haufen sich teilen und den Pferden Raum geben, schwang sich wieder in den Wagen, und fort ging's weiter in gestrecktem Galopp unter eine aus Laubwerk und Blumen erbaute Pforte hinweg, dem Städtchen zu. – Die Kanonen wurden immer frischweg abgefeuert. – Der Wagen hielt vor meinem Hause; ich sprang behend' in die Tür, die Menge teilend, die die Begierde, mich zu sehen, herbeigerufen hatte. Der Pöbel schrie Vivat unter meinem Fenster, und ich ließ doppelte Dukaten daraus regnen; am Abend ward die Stadt freiwillig erleuchtet. –

Und ich wusste immer noch nicht, was das alles bedeuten sollte, und für wen ich angesehen wurde. Ich schickte Rascaln auf Kundschaft aus. Er ließ sich denn erzählen, wesmaßen man bereits sichere Nachrichten gehabt, der gute König von Preußen reise unter dem Namen eines Grafen durch das Land; wie mein Adjutant erkannt worden sei, und wie er sich und mich verraten habe, wie groß endlich die Freude gewesen, da man die Gewissheit gehabt, mich im Orte selbst zu besitzen. Nun sah man freilich ein, da ich offenbar das strengste Inkognito beobachten wolle, wie sehr man Unrecht gehabt, den Schleier so zudringlich zu lüften. Ich hätte aber so huldreich, so gnadenvoll gezürnt, – ich würde gewiss dem guten Herzen verzeihen müssen.

Meinem Schlingel kam die Sache so spaßhaft vor, dass er mit strafenden Reden sein Möglichstes tat, die guten Leute einstweilen in ihrem Glauben zu bestärken. Er stattete mir einen sehr komischen Bericht ab, und da er mich dadurch erheitert sah, gab er mir selbst seine verübte Bosheit zum Besten. – Muss ich's bekennen? Es schmeichelte mir doch, sei es auch nur so, für das verehrte Haupt angesehen worden zu sein.

Geistlichkeit → Seite 110

Magistratus (lat.) Obrigkeit

Deputationen (lat.) Abordnungen

hieß den befahl dem … zu

behend' schnell und geschickt

Der Pöbel Das einfache Volk

freiwillig erleuchtet → Seite 110

angesehen gehalten

wesmaßen wie, auf welche Weise (Behördendeutsch des 16. Jahrhunderts)

Adjutant seinem (militärischen) Befehlshaber zu seiner Unterstützung beigegebener Offizier

zu besitzen begrüßen zu dürfen, als Gast zu haben

das strengste Inkognito beobachten mich um keinen Preis zu erkennen geben

Ich hieß zu dem morgenden Abend unter den Bäumen, die den Raum vor meinem Hause beschatteten, ein Fest bereiten, und die ganze Stadt dazu einladen. Der geheimnisreichen Kraft meines Säckels, *Bendels* Bemühungen und der behenden Erfindsamkeit *Rascals* gelang es selbst die Zeit zu besiegen. Es ist wirklich erstaunlich, wie reich und schön sich alles in den wenigen Stunden anordnete. Die Pracht und der Überfluss, die da sich erzeugten; auch die sinnreiche Erleuchtung war so weise verteilt, dass ich mich ganz sicher fühlte. Es blieb mir nichts zu erinnern, ich musste meine Diener loben.

morgenden Abend Abend des folgenden Tages

Es dunkelte der Abend. Die Gäste erschienen, und wurden mir vorgestellt. Es ward die Majestät nicht mehr berührt; aber ich hieß in tiefer Ehrfurcht und Demut: Herr Graf. Was sollt' ich tun? Ich ließ mir den Grafen gefallen, und blieb von Stund an der Graf Peter. Mitten im festlichen Gewühle begehrte meine Seele nur nach der Einen. Spät erschien sie; sie, die die Krone war und trug. Sie folgte sittsam ihren Eltern, und schien nicht zu wissen, dass sie die Schönste sei. Es wurden mir der Herr Forstmeister, seine Frau und seine Tochter vorgestellt. Ich wusste den Alten viel Angenehmes und Verbindliches zu sagen; vor der Tochter stand ich wie ein ausgescholtener Knabe da, und vermochte kein Wort hervorzulallen. Ich bat sie endlich stammelnd, dies Fest zu würdigen, das Amt, dessen Zeichen sie schmückte, darin zu verwalten. Sie bat verschämt mit einem rührenden Blick um Schonung; aber verschämter vor ihr, als sie selbst, bracht' ich ihr als erster Untertan meine Huldigung in tiefer Ehrfurcht, und der Wink des Grafen ward allen Gästen ein Gebot, dem nachzuleben sich jeder freudig beeiferte. Majestät, Unschuld und Grazie beherrschten, mit der Schönheit im Bund, ein frohes Fest. Die glücklichen Eltern *Minas* glaubten ihnen nur zu Ehren ihr Kind erhöht, ich selber war in

zu erinnern anzumerken, zu veranlassen, zu korrigieren

Es ward die Majestät nicht mehr berührt Von der Majestät war nicht mehr die Rede

Verbindliches Gefälliges (und das Gegenüber zu Gegengefälligkeiten verbindendes)

einem unbeschreiblichen Rausch. Ich ließ alles, was ich noch von den Juwelen hatte, die ich damals, um beschwerliches Gold loszuwerden, gekauft, alle Perlen, alles Edelgestein in zwei verdeckte Schüsseln legen, und bei Tische unter dem Namen der Königin, ihren Gespielinnen und allen Damen herumreichen; Gold ward indessen ununterbrochen über die gezogenen Schranken unter das jubelnde Volk geworfen.

Gespielinnen Freundinnen

über die gezogenen Schranken über die Absperrungen, mit denen das (›gaffende‹) ›einfache Volk‹ davon abgehalten wurde, sich unter die geladenen Gäste zu mischen

Bendel am andern Morgen eröffnete mir im Vertrauen, der Verdacht, den er längst gegen *Rascals* Redlichkeit gehegt, sei nunmehr zur Gewissheit worden. Er habe gestern ganze Säcke Goldes unterschlagen. »Lass uns«, erwidert' ich, »dem armen Schelmen die kleine Beute gönnen, ich spende gern allen, warum nicht auch ihm? Gestern hat er mir, haben mir alle neuen Leute, die du mir gegeben, redlich gedient, sie haben mir froh ein frohes Fest begehen helfen.« –

Schelmen Schurken

Es war nicht weiter die Rede davon. *Rascal* blieb der Erste meiner Dienerschaft, *Bendel* war aber mein Freund und mein Vertrauter. Dieser war gewohnt worden, meinen Reichtum als unerschöpflich zu denken, und er spähte nicht nach dessen Quellen. – Er half mir vielmehr, in meinen Sinn eingehend, Gelegenheiten ersinnen, ihn darzutun und Gold zu vergeuden. Von jenem Unbekannten, dem blassen Schleicher, wusst' er nur so viel: Ich dürfe allein durch ihn von dem Fluche erlöst werden, der auf mir lastete, und fürchte ihn, auf dem meine einzige Hoffnung ruhte. Übrigens sei ich davon überzeugt, er könne mich überall auffinden, ich ihn nirgends, darum ich, den versprochenen Tag erwartend, jede vergebliche Nachsuchung eingestellt.

in meinen Sinn eingehend sich in meine Gedanken einfühlend

dürfe könne

darum weswegen

Die Pracht meines Festes und mein Benehmen dabei erhielten anfangs die starkgläubigen Einwohner der Stadt bei ihrer vorgefassten Meinung. Es ergab sich freilich sehr bald aus den Zeitungen, dass die ganze fabelhafte Reise des Kö-

fabelhafte auf Gerüchten und Erfindungen beruhende (vgl. Seite 25) nigs von Preußen ein bloßes ungegründetes Gerücht gewesen. Ein König war ich aber nun einmal, und musste schlechterdings ein König bleiben, und zwar einer der reichsten und königlichsten, die es immer geben mag. Nur wusste man nicht recht, welcher. Die Welt hat nie Grund gehabt, über Mangel an Monarchen zu klagen, am wenigsten in unsern Tagen; die guten Leute, die noch keinen mit Augen gesehen, rieten mit gleichem Glück bald auf diesen, bald auf jenen – *Graf Peter* blieb immer der er war. –

Einst erschien unter den Badegästen ein Handelsmann, der Bankerott gemacht hatte, um sich zu bereichern, der allgemeine Achtung genoss, und einen breiten, obgleich etwas blassen Schatten von sich warf. Er wollte hier das Vermögen, das er gesammelt, zum Prunk ausstellen, und es fiel sogar ihm ein, mit mir wetteifern zu wollen. Ich sprach meinem Säckel zu, und hatte sehr bald den armen Teufel so weit, dass er, um sein Ansehen zu retten, abermals Bankerott machen musste und über das Gebirge ziehen. So ward ich ihn los. – Ich habe in dieser Gegend viele Taugenichts und Müßiggänger gemacht!

Bei der königlichen Pracht und Verschwendung, womit ich mir alles unterwarf, lebt' ich in meinem Hause sehr einfach und eingezogen. Ich hatte mir die größte Vorsicht zur Regel gemacht, es durfte, unter keinem Vorwand, kein anderer, als *Bendel*, die Zimmer, die ich bewohnte, betreten. Solange die Sonne schien, hielt ich mich mit ihm darin verschlossen, und es hieß: der Graf arbeite in seinem Kabinett. Mit diesen Arbeiten standen die häufigen Kuriere in Verbindung, die ich um jede Kleinigkeit abschickte und erhielt. – Ich nahm nur am Abend unter meinen Bäumen, oder in meinem, nach *Bendels* Angabe geschickt und reich erleuchteten Saale Gesellschaft an. Wenn ich ausging, wobei mich stets *Bendel* mit Argusaugen bewachen musste, so war es nur

ungegründetes unbegründetes, aus der Luft gegriffenes

schlechterdings unbedingt, ohne Bedingung und Einschränkung

mit gleichem Glück gleichermaßen erfolglos

den Badegästen den Fremden, die den Kurort aufsuchten

Bankerott gemacht sich für zahlungsunfähig erklärt

sogar ihm ihm sogar

sprach meinem Säckel zu gab reichlich Geld aus

eingezogen zurückgezogen

Kabinett Arbeits- und Besprechungszimmer (siehe auch Seite 21)

Kuriere Eilboten

nahm … an empfing

mit Argusaugen mit misstrauisch angespannter Wachsamkeit → Seite 110

nach dem hin zum

nach dem Förstergarten, und um der Einen willen; denn meines Lebens innerlichstes Herz war meine Liebe.

liebewertes liebenswertes

solle sie sollte sie dabei auch

O mein guter *Chamisso*, ich will hoffen, Du habest noch nicht vergessen, was Liebe sei! Ich lasse Dir hier vieles zu ergänzen. *Mina* war wirklich ein liebewertes, gutes, frommes Kind. Ich hatte ihre ganze Phantasie an mich gefesselt, sie wusste in ihrer Demut nicht, womit sie wert gewesen, dass ich nur nach ihr geblickt; und sie vergalt Liebe um Liebe mit der vollen jugendlichen Kraft eines unschuldigen Herzens. Sie liebte wie ein Weib, ganz hin sich opfernd; selbstvergessen, hingegeben den nur meinend, der ihr Leben war; unbekümmert, solle sie selbst zu Grunde gehen, das heißt, sie liebte wirklich. –

Dann … dann … dann Zuweilen … zu anderen Zeiten … dann wieder

teuren feierlichen

Ich aber – o welche schreckliche Stunden – – schrecklich! und würdig dennoch, dass ich sie zurückwünsche, hab ich oft an *Bendels* Brust verweint, als nach dem ersten bewusstlosen Rausch ich mich besonnen, mich selbst scharf angeschaut, der ich ohne Schatten mit tückischer Selbstsucht, diesen Engel verderbend, die reine Seele an mich gelogen und gestohlen! Dann beschloss ich, mich ihr selber zu verraten; dann gelobt' ich mit teuren Eidschwüren, mich von ihr zu reißen und zu entfliehen; dann brach ich wieder in Tränen aus, und verabredete mit *Bendeln*, wie ich sie auf den Abend im Förstergarten besuchen wolle. –

an sein Wort ihm, seinem Wort

Zu andern Zeiten log ich mir selber vom nahe bevorstehenden Besuch des grauen Unbekannten große Hoffnungen vor, und weinte wieder, wenn ich daran zu glauben vergebens versucht hatte. Ich hatte den Tag ausgerechnet, wo ich den Furchtbaren wiederzusehen erwartete; denn er hatte gesagt, in Jahr und Tag, und ich glaubte an sein Wort.

Die Eltern waren gute, ehrbare, alte Leute, die ihr einziges Kind sehr liebten, das ganze Verhältnis überraschte sie, als es schon bestand, und sie wussten nicht, was sie dabei tun sollten. Sie hatten früher nicht geträumt, der *Graf Peter* könne nur an ihr Kind denken, nun liebte er sie gar, und ward wieder geliebt. – Die Mutter war wohl eitel genug, an die Möglichkeit einer Verbindung zu denken, und darauf hinzuarbeiten, der gesunde Menschenverstand des Alten gab solchen überspannten Vorstellungen nicht Raum. Beide waren überzeugt von der Reinheit meiner Liebe – sie konnten nichts tun, als für ihr Kind beten.

Es fällt mir ein Brief in die Hand, den ich noch aus dieser Zeit von *Mina* habe. – Ja, das sind ihre Züge, ich will Dir ihn abschreiben.

»Bin ein schwaches, törichtes Mädchen, könnte mir einbilden, dass mein Geliebter, weil ich ihn innig, innig liebe, dem armen Mädchen nicht wehtun möchte. – Ach, Du bist so gut, so unaussprechlich gut; aber missdeute mich nicht. Du sollst mir nichts opfern, mir nichts opfern wollen; o Gott! ich könnte mich hassen, wenn Du das tätest. Nein – Du hast mich unendlich glücklich gemacht, Du hast mich Dich lieben gelehrt. Zeuch hin! – Weiß doch mein Schicksal, *Graf Peter* gehört nicht mir, gehört der Welt an. Will stolz sein, wenn ich höre: das ist er gewesen, und das war er wieder, und das hat er vollbracht; da haben sie ihn angebetet, und da haben sie ihn vergöttert. Siehe, wenn ich das denke, zürne ich Dir, dass Du bei einem einfältigen Kinde Deiner hohen Schicksale vergessen kannst. – Zeuch hin, sonst macht der Gedanke mich noch unglücklich, die ich, ach! durch Dich so glücklich, so selig bin. – Hab ich nicht auch einen Ölzweig und eine Rosenknospe in Dein Leben geflochten, wie in den Kranz, den ich Dir überreichen durfte? Habe Dich im Herzen, mein Geliebter, fürchte nicht, von mir zu gehen – werde sterben ach so selig, so unaussprechlich selig durch Dich.« –

Du kannst Dir denken, wie mir die Worte durchs Herz schneiden mussten. Ich erklärte ihr, ich sei nicht das, wofür

hatten früher nicht geträumt hätten es sich anfangs nicht träumen lassen

nur an ihr Kind denken an ihr Kind auch nur denken

sind ihre Züge ist ihre Handschrift, sind ihre Schriftzüge

missdeute mich nicht halte mich nicht für leichtgläubig und schwach

Zeuch hin! Zieh hin! (veraltet, nur noch in poetischer Sprache und pathetischer Rede verwendet)

hohen Schicksale erhabenen Bestimmungen

Ölzweig Zeichen des Friedens (siehe Seite 31)

Rosenknospe Zeichen der Liebe (siehe Seite 31)

elender unglücklicher

man mich anzusehen schien; ich sei nur ein reicher, aber unendlich elender Mann. Auf mir ruhe ein Fluch, der das einzige Geheimnis zwischen ihr und mir sein solle, weil ich noch nicht ohne Hoffnung sei, dass er gelöst werde. Dies sei das Gift meiner Tage, dass ich sie mit in den Abgrund hinreißen könne, sie, die das einzige Licht, das einzige Glück, das einzige Herz meines Lebens sei. Dann weinte sie wieder, dass ich unglücklich war, ach, sie war so liebevoll, so gut. Um Eine Träne nur mir zu erkaufen, hätte sie, mit welcher Seligkeit, sich selbst ganz hingeopfert.

Bann → Seite 110

geächtetes Haupt aus der Gemeinschaft seinesgleichen ausgestoßener Fürst

Sie war indes weit entfernt, meine Worte richtig zu deuten, sie ahnete nun in mir irgendeinen Fürsten, den ein schwerer Bann getroffen, irgendein hohes, geächtetes Haupt, und ihre Einbildungskraft malte sich geschäftig, unter heroischen Bildern den Geliebten herrlich aus.

künftigen nächsten, kommenden

Einst sagte ich ihr: »*Mina*, der letzte Tag im künftigen Monat kann mein Schicksal ändern und entscheiden – geschieht es nicht, so muss ich sterben, weil ich Dich nicht unglücklich machen will.« – Sie verbarg weinend ihr Haupt an meiner Brust. »Ändert sich Dein Schicksal, lass mich nur Dich glücklich wissen, ich habe keinen Anspruch an Dich – Bist Du elend, binde mich an Dein Elend, dass ich es Dir tragen helfe.« –

»Mädchen, Mädchen, nimm es zurück, das rasche Wort, das törichte, das Deinen Lippen entflohen – und kennst Du es, dieses Elend, kennst Du ihn, diesen Fluch? Weißt Du, wer Dein Geliebter – – – – was er – –? – Siehst Du mich nicht krampfhaft zusammenschaudern, und vor Dir ein Geheimnis haben?« Sie fiel schluchzend mir zu Füßen, und wiederholte mit Eidschwur ihre Bitte. –

erklärte mich gegen den teilte dem … mit

Ich erklärte mich gegen den hereintretenden Forstmeister, meine Absicht sei, am Ersten des nächstkünftigen Monats um die Hand seiner Tochter anzuhalten – ich setzte diese Zeit fest, weil sich bis dahin manches ereignen dürfte, was Einfluss auf mein Schicksal haben könnte. Unwandelbar sei nur meine Liebe zu seiner Tochter. –

Der gute Mann erschrak ordentlich, als er solche Worte aus dem Munde des *Grafen Peter* vernahm. Er fiel mir um den Hals, und ward wieder ganz verschämt, sich vergessen zu haben. Nun fiel es ihm ein, zu zweifeln, zu erwägen und zu forschen; er sprach von Mitgift, von Sicherheit, von Zukunft für sein liebes Kind. Ich dankte ihm, mich daran zu mahnen. Ich sagte ihm, ich wünsche in dieser Gegend, wo ich geliebt zu sein schien, mich anzusiedeln, und ein sorgenfreies Leben zu führen. Ich bat ihn, die schönsten Güter, die im Lande ausgeboten wurden, unter dem Namen seiner Tochter zu kaufen, und die Bezahlung auf mich anzuweisen. Es könne darin ein Vater dem Liebenden am besten dienen. – Es gab ihm viel zu tun, denn überall war ihm ein Fremder zuvorgekommen; er kaufte auch nur für ungefähr eine Million.

Dass ich ihn damit beschäftigte, war im Grunde eine unschuldige List, um ihn zu entfernen, und ich hatte schon ähnliche mit ihm gebraucht, denn ich muss gestehen, dass er etwas lästig war. Die gute Mutter war dagegen etwas taub, und nicht, wie er, auf die Ehre eifersüchtig, den Herrn Grafen zu unterhalten.

Die Mutter kam hinzu, die glücklichen Leute drangen in mich, den Abend länger unter ihnen zu bleiben; ich durfte keine Minute weilen: ich sah schon den aufgehenden Mond am Horizonte dämmern. – Meine Zeit war um. –

Am nächsten Abend ging ich wieder nach dem Förstergarten. Ich hatte den Mantel weit über die Schulter geworfen, den Hut tief in die Augen gedrückt, ich ging auf *Mina* zu; wie sie aufsah, und mich anblickte, machte sie eine unwillkürliche Bewegung; da stand mir wieder klar vor der Seele die Erscheinung jener schaurigen Nacht, wo ich mich

sich vergessen zu haben seinen Emotionen freien Lauf gelassen zu haben

fiel es ihm ein ging er dazu über, verlegte er sich darauf

Güter Landgüter

ausgeboten zum Kauf angeboten

unter dem auf den

darin wohl: auf diese Weise

mit ihm gebraucht bei ihm angewendet

eifersüchtig sehr bedacht

weilen (länger) verweilen

im Mondschein ohne Schatten gezeigt. Sie war es wirklich. Hatte sie mich aber auch jetzt erkannt? Sie war still und gedankenvoll – mir lag es zentnerschwer auf der Brust – ich stand von meinem Sitz auf. Sie warf sich stille weinend an meine Brust. Ich ging.

Nun fand ich sie öfters in Tränen; mir ward's finster und finsterer um die Seele, – nur die Eltern schwammen in überschwänglicher Glückseligkeit; der verhängnisvolle Tag rückte heran, bang und dumpf, wie eine Gewitterwolke. Der Vorabend war da – ich konnte kaum mehr atmen. Ich hatte vorsorglich einige Kisten mit Gold angefüllt, ich wachte die zwölfte Stunde heran. – Sie schlug. –

Nun saß ich da, das Auge auf die Zeiger der Uhr gerichtet, die Sekunden, die Minuten zählend, wie Dolchstiche. Bei jedem Lärm, der sich regte, fuhr ich auf, der Tag brach an. Die bleiernen Stunden verdrängten einander, es ward Mittag, Abend, Nacht; es rückten die Zeiger, welkte die Hoffnung; es schlug eilf, und nichts erschien, die letzten Minuten der letzten Stunde fielen, und nichts erschien, es schlug der erste Schlag, der letzte Schlag der zwölften Stunde, und ich sank hoffnungslos in unendlichen Tränen auf mein Lager zurück. Morgen sollt' ich – auf immer schattenlos, um die Hand der Geliebten anhalten; ein banger Schlaf drückte mir gegen den Morgen die Augen zu.

wachte die zwölfte Stunde heran fand keinen Schlaf und wartete, dass es Mitternacht wurde

bleiernen Stunden schwer wie Blei lastenden Stunden (vgl. ›bleierne Müdigkeit‹)

eilf alte, aber noch lange gebräuchliche Form des Zahlworts ›elf‹

Lager Bett

gegen den Morgen , als der Morgen dämmerte,

V

Es war noch früh, als mich Stimmen weckten, die sich in meinem Vorzimmer, in heftigem Wortwechsel erhoben. Ich horchte auf. – *Bendel* verbot meine Tür; *Rascal* schwur hoch und teuer, keine Befehle von seinesgleichen anzunehmen, und bestand darauf, in meine Zimmer einzudringen. Der

Vorzimmer Empfangsraum

verbot meine Tür weigerte sich, den Besucher zu mir zu lassen

gütige *Bendel* verwies ihm, dass solche Worte, falls sie zu meinen Ohren kämen, ihn um einen vorteilhaften Dienst bringen würden. *Rascal* drohte Hand an ihn zu legen, wenn er ihm den Eingang noch länger vertreten wollte. –

verwies ihm wies ihn unmissverständlich darauf hin

vertreten verwehren, versperren

Ich hatte mich halb angezogen, ich riss zornig die Tür auf, und fuhr auf *Rascaln* zu – »Was willst Du Schurke – – –«, er trat zwei Schritte zurück, und antwortete ganz kalt: »Sie untertänigst bitten, Herr Graf, mir doch einmal Ihren Schatten sehen zu lassen, – die Sonne scheint eben so schön auf dem Hofe.« –

mir mich

Ich war wie vom Donner gerührt. Es dauerte lange, bis ich die Sprache wiederfand. – »Wie kann ein Knecht gegen seinen Herrn – –?« Er fiel mir ganz ruhig in die Rede: »Ein Knecht kann ein sehr ehrlicher Mann sein und einem Schattenlosen nicht dienen wollen, ich fordre meine Entlassung.« Ich musste andere Saiten aufziehen. »Aber, *Rascal*, lieber *Rascal*, wer hat Dich auf die unglückliche Idee gebracht, wie kannst Du denken – – –?« er fuhr im selben Tone fort: »Es wollen Leute behaupten, Sie hätten keinen Schatten – und kurz, Sie zeigen mir Ihren Schatten, oder geben mir meine Entlassung.«

Bendel, bleich und zitternd, aber besonnener als ich, machte mir ein Zeichen, ich nahm zu dem alles beschwichtigenden Golde meine Zuflucht, – auch das hatte seine Macht verloren – er warf's mir vor die Füße: »Von einem Schattenlosen nehme ich nichts an.« Er kehrte mir den Rücken und ging, den Hut auf dem Kopf, ein Liedchen pfeifend, langsam aus dem Zimmer. Ich stand mit *Bendel* da wie versteint, gedanken- und regungslos ihm nachsehend.

den Hut auf dem Kopf, ein Liedchen pfeifend also betont respektlos

Schwer – aufseufzend, und den Tod im Herzen, schickt' ich mich endlich an, mein Wort zu lösen, und, wie ein Verbrecher vor seinen Richtern, in dem Förstergarten zu erscheinen. Ich stieg in der dunklen Laube ab, welche nach mir

schickt' ich mich endlich an, mein Wort zu lösen machte ich mich endlich auf, um mein Versprechen einzulösen

stieg in der dunklen Laube ab suchte das von Grünpflanzen umrankte Gartenhäuschen auf

benannt war, und wo sie mich auch diesmal erwarten mussten. Die Mutter kam mir sorgenfrei und freudig entgegen. *Mina* saß da, bleich und schön, wie der erste Schnee, der manchmal im Herbste die letzten Blumen küsst, und gleich in bittres Wasser zerfließen wird. Der Forstmeister, ein geschriebenes Blatt in der Hand, ging heftig auf und ab, und schien vieles in sich zu unterdrücken, was, mit fliegender Röte und Blässe wechselnd, sich auf seinem sonst unbeweglichen Gesichte malte. Er kam auf mich zu, als ich hereintrat, und verlangte mit oft unterbrochenen Worten, mich allein zu sprechen. Der Gang, auf den er mich, ihm zu folgen, einlud, führte nach einem freien, besonnten Teile des Gartens – ich ließ mich stumm auf einen Sitz nieder, und es erfolgte ein langes Schweigen, das selbst die gute Mutter nicht zu unterbrechen wagte.

Der Forstmeister stürmte immer noch ungleichen Schrittes die Laube auf und ab, er stand mit einem Mal vor mir still, blickte ins Papier, das er hielt, und fragte mich mit prüfendem Blick: »Sollte Ihnen, Herr Graf, ein gewisser *Peter Schlemihl* wirklich nicht unbekannt sein?« Ich schwieg – »ein Mann von vorzüglichem Charakter und von besonderen Gaben.« Er erwartete eine Antwort. – »Und wenn ich selber der Mann wäre?« »dem«, fügte er heftig hinzu, »sein Schatten abhandengekommen ist!!« »O meine Ahnung, meine Ahnung«, rief *Mina* aus, »ja, ich weiß es längst, er hat keinen Schatten!«, und sie warf sich in die Arme der Mutter, welche erschreckt, sie krampfhaft an sich schließend, ihr Vorwürfe machte, dass sie zum Unheil solch ein Geheimnis in sich verschlossen. Sie aber war, wie Arethusa, in einen Tränenquell gewandelt, der beim Klang meiner Stimme häufiger floss, und bei meinem Nahen stürmisch aufbrauste.

Arethusa
→ Seite 111

gewandelt
verwandelt

»Und Sie haben«, hub der Forstmeister grimmig wieder an, »und Sie haben mit unerhörter Frechheit diese und

hub
(siehe Seite 23)

mich zu betrügen keinen Anstand genommen; und Sie gaben vor, sie zu lieben, die Sie so weit heruntergebracht haben, sehen Sie, wie sie da weint und ringt. O schrecklich! schrecklich!« –

Ich hatte dergestalt alle Besinnung verloren, dass ich, wie irre redend, anfing: Es wäre doch am Ende ein Schatten, nichts als ein Schatten, man könne auch ohne das fertig werden, und es wäre nicht der Mühe wert, solchen Lärm davon zu erheben. Aber ich fühlte so sehr den Ungrund von dem, was ich sprach, dass ich von selbst aufhörte, ohne dass er mich einer Antwort gewürdigt. Ich fügte noch hinzu: was man einmal verloren, könne man ein andermal wiederfinden.

Er fuhr mich zornig an. – »Gestehen Sie mir's, mein Herr, gestehen Sie mir's, wie sind Sie um Ihren Schatten gekommen?« Ich musste wieder lügen: »Es trat mir dereinst ein ungeschlachter Mann so flämisch in meinen Schatten, dass er ein großes Loch darein riss – ich habe ihn nur zum Ausbessern gegeben, denn Gold vermag viel, ich habe ihn schon gestern wiederbekommen sollen.« –

»Wohl, mein Herr, ganz wohl!«, erwiderte der Forstmeister, »Sie werben um meine Tochter, das tun auch andere, ich habe als ein Vater für sie zu sorgen, ich gebe Ihnen drei Tage Frist, binnen welcher Sie sich nach einem Schatten umtun mögen; erscheinen Sie binnen drei Tage vor mir mit einem wohlangepassten Schatten, so sollen Sie mir willkommen sein; am vierten Tage aber – das sag ich Ihnen, – ist meine Tochter die Frau eines andern.« – Ich wollte noch versuchen, ein Wort an *Mina* zu richten, aber sie schloss sich, heftiger schluchzend, fester an ihre Mutter, und diese winkte mir stillschweigend, mich zu entfernen. Ich schwankte hinweg, und mir war's, als schlösse sich hinter mir die Welt zu.

keinen Anstand genommen sich nicht gescheut, sich nicht geschämt

ringt um Fassung ringt

solchen Lärm davon zu erheben sich so darüber aufzuregen, es als ein solches Problem anzusehen

den Ungrund im damaligen Sprachgebrauch ein beschönigender Ausdruck für: die Unwahrheit

dereinst hier: vor einiger Zeit

ungeschlachter rauer, wilder, ungeschliffener

flämisch trotzig, mürrisch

hatte hätte

binnen innerhalb, im Laufe von

Der liebevollen Aufsicht *Bendels* entsprungen, durchschweifte ich in irrem Lauf Wälder und Fluren. Angstschweiß troff von meiner Stirne, ein dumpftes Stöhnen entrang sich meiner Brust, in mir tobte Wahnsinn. –

Fluren Felder (›durch Wald und Flur‹)

Ich weiß nicht, wie lange es so gedauert haben mochte, als ich mich auf einer sonnigen Heide beim Ärmel anhalten fühlte. – Ich stand still und sah mich um – – es war der Mann im grauen Rock, der sich nach mir außer Atem gelaufen zu haben schien. Er nahm sogleich das Wort:

»Ich hatte mich auf den heutigen Tag angemeldet, Sie haben die Zeit nicht erwarten können. Es steht aber alles noch gut, Sie nehmen Rat an, tauschen Ihren Schatten wieder ein, der Ihnen zu Gebote steht, und kehren sogleich wieder um. Sie sollen in dem Förstergarten willkommen sein, und alles ist nur ein Scherz gewesen; den *Rascal*, der Sie verraten hat, und um Ihre Braut wirbt, nehm ich auf mich, der Kerl ist reif.«

Ich stand noch wie im Schlafe da. – »Auf den heutigen Tag angemeldet –?« ich überdachte noch einmal die Zeit – er hatte Recht, ich hatte mich stets um einen Tag verrechnet. Ich suchte mit der rechten Hand nach dem Säckel auf meiner Brust, – er erriet meine Meinung, und trat zwei Schritte zurück.

Meinung Absicht

»Nein, Herr Graf, der ist in zu guten Händen, den behalten Sie.« – Ich sah ihn mit stieren Augen, verwundert fragend an, er fuhr fort: »Ich erbitte mir bloß eine Kleinigkeit zum Andenken: Sie sind nur so gut, und unterschreiben mir den Zettel da.« – Auf dem Pergament standen die Worte:

stieren starren (siehe Seite 16)

Pergament → Seite 111

> »Kraft dieser meiner Unterschrift vermache ich dem Inhaber dieses meine Seele nach ihrer natürlichen Trennung von meinem Leibe.«

Ich sah mit stummem Staunen die Schrift und den grauen Unbekannten abwechselnd an. – Er hatte unterdessen mit einer neu geschnittenen Feder einen Tropfen Bluts aufgefangen, der mir aus einem frischen Dornenriss auf die Hand floss, und hielt sie mir hin. –

»Wer sind Sie denn?«, frug ich ihn endlich. »Was tut's«, gab er mir zur Antwort, »und sieht man es mir nicht an? Ein armer Teufel, gleichsam so eine Art von Gelehrten und Physikus, der von seinen Freunden für vortreffliche Künste schlechten Dank erntet, und für sich selber auf Erden keinen andern Spaß hat, als sein bisschen Experimentieren – aber unterschreiben Sie doch. Rechts, da unten. *Peter Schlemihl.*« –

Ich schüttelte mit dem Kopf und sagte: »Verzeihen Sie, mein Herr, das unterschreibe ich nicht.« – »Nicht!«, wiederholte er verwundert, »und warum nicht?« –

»Es scheint mir doch gewissermaßen bedenklich, meine Seele an meinen Schatten zu setzen.« – – »So, so!«, wiederholte er, »bedenklich«, und er brach in ein lautes Gelächter gegen mich aus. »Und, wenn ich fragen darf, was ist denn das für ein Ding, Ihre Seele? haben Sie es je gesehen, und was denken Sie damit anzufangen, wenn Sie einst tot sind. Seien Sie doch froh, einen Liebhaber zu finden, der Ihnen bei Lebenszeit noch, den Nachlass dieses X., dieser galvanischen Kraft oder polarisierenden Wirksamkeit, und was alles das närrische Ding sein soll, mit etwas Wirklichem bezahlen will, nämlich mit Ihrem leibhaftigen Schatten, durch den Sie zu der Hand Ihrer Geliebten und zu der Erfüllung aller Ihrer Wünsche gelangen können. Wollen Sie lieber selbst das arme junge Blut dem niederträchtigen Schurken, dem *Rascal* zustoßen und ausliefern? – Nein, das müssen Sie doch mit eigenen Augen ansehen; kommen Sie, ich leihe Ihnen die Tarnkappe hier«, (er zog etwas aus der Tasche) »und wir wallfahrten ungesehen nach dem Förstergarten.« –

Ich muss gestehen, dass ich mich überaus schämte, von diesem Manne ausgelacht zu werden. Er war mir von Her-

Physikus eigentlich ein beamteter Arzt, ein Kreisarzt; hier wohl eher ironisch im Sinne von: Wunderdoktor oder Tausendkünstler

mit dem den

meine Seele an meinen Schatten zu setzen meine Seele zu verkaufen, um meinen Schatten wiederzuerlangen

den Nachlass das Überlassen nach dem Tode

dieses X. dieser unbekannten Größe

dieser galvanischen Kraft oder polarisierenden Wirksamkeit → Seite 111

das … junge Blut etwas abschätzig für: die junge Person

zustoßen in die Arme treiben

wallfahrten ironisch: pilgern, nähern uns andächtig

zensgrunde verhasst, und ich glaube, dass mich dieser persönliche Widerwille mehr als Grundsätze oder Vorurteile abhielt, meinen Schatten, so notwendig er mir auch war, mit der begehrten Unterschrift zu erkaufen. Auch war mir der Gedanke unerträglich, den Gang, den er mir antrug, in seiner Gesellschaft zu unternehmen. Diesen hässlichen Schleicher, diesen hohnlächelnden Kobold, zwischen mich und meine Geliebte, zwei blutig zerrissene Herzen, spöttisch hintreten zu sehen, empörte mein innigstes Gefühl. Ich nahm, was geschehen war, als verhängt an, mein Elend als unabwendbar, und mich zu dem Manne kehrend, sagte ich ihm:

»Mein Herr, ich habe Ihnen meinen Schatten für diesen, an sich sehr vorzüglichen Säckel verkauft, und es hat mich genug gereut. Kann der Handel zurückgehen, in Gottes Namen!« Er schüttelte mit dem Kopf und zog ein sehr finsteres Gesicht. Ich fuhr fort: – »So will ich Ihnen auch weiter nichts von meiner Habe verkaufen, sei es auch um den angebotenen Preis meines Schattens, und unterschreibe also nichts. Daraus lässt sich auch abnehmen, dass die Verkappung, zu der Sie mich einladen, ungleich belustigender für Sie als für mich ausfallen müsste; halten Sie mich also für entschuldigt, und da es einmal nicht anders ist, – lasst uns scheiden!« –

»Es ist mir leid, Monsieur *Schlemihl*, dass Sie eigensinnig das Geschäft von der Hand weisen, das ich Ihnen freundschaftlich anbot. Indessen, vielleicht bin ich ein andermal glücklicher. Auf baldiges Wiedersehen! – Apropos, erlauben Sie mir noch, Ihnen zu zeigen, dass ich die Sachen, die ich kaufe, keineswegs verschimmeln lasse, sondern in Ehren halte, und dass sie bei mir gut aufgehoben sind.« –

Er zog sogleich meinen Schatten aus seiner Tasche, und ihn mit einem geschickten Wurf auf der Heide entfaltend, breitete er ihn auf der Sonnenseite zu seinen Füßen aus, so

begehrten verlangten

antrug vorschlug

Schleicher → Seite 112

Kobold Possenreißer; eigenwilligen Geist

verhängt vom Schicksal verhängt

abnehmen folgern, ersehen

halten Sie mich also für entschuldigt seien Sie also so gut, mir meine Weigerung, auf Ihren Vorschlag einzugehen, nachzusehen

einmal nun einmal

Apropos Übrigens, nebenbei bemerkt

dass er zwischen den beiden ihm aufwartenden Schatten, dem meinen und dem seinen, daher ging, denn meiner musste ihm gleichfalls gehorchen und nach allen seinen Bewegungen sich richten und bequemen.

Als ich nach so langer Zeit einmal meinen armen Schatten wiedersah, und ihn zu solchem schnöden Dienst herabgewürdigt fand, eben als ich um seinetwillen in so namenloser Not war, da brach mir das Herz, und ich fing bitterlich zu weinen an. Der Verhasste stolzierte mit dem mir abgejagten Raub, und erneuerte unverschämt seinen Antrag:

»Noch ist er für Sie zu haben, ein Federzug, und Sie retten damit die arme unglückliche *Mina* aus des Schuftes Klauen in des hochgeehrten Herrn Grafen Arme – wie gesagt, nur ein Federzug.« Meine Tränen brachen mit erneuter Kraft hervor, aber ich wandte mich weg, und winkte ihm, sich zu entfernen.

Bendel, der voller Sorgen meine Spuren bis hieher verfolgt hatte, traf in diesem Augenblick ein. Als mich die treue fromme Seele weinend fand, und meinen Schatten, denn er war nicht zu verkennen, in der Gewalt des wunderlichen grauen Unbekannten sah, beschloss er gleich, sei es auch mit Gewalt, mich in den Besitz meines Eigentums wiederherzustellen, und da er selbst mit dem zarten Dinge nicht umzugehen verstand, griff er gleich den Mann mit Worten an, und ohne vieles Fragen, gebot er ihm stracks, mir das Meine unverzüglich verabfolgen zu lassen. Dieser, statt aller Antwort, kehrte dem unschuldigen Burschen den Rücken und ging. *Bendel* aber erhob den Kreuzdornknüttel, den er trug, und, ihm auf den Fersen folgend, ließ er ihn schonungslos unter wiederholtem Befehl, den Schatten herzugeben, die volle Kraft seines nervigten Armes fühlen. Jener, als sei er solcher Behandlung gewohnt, bückte den Kopf, wölbte die Schultern, und zog stillschweigend ruhigen Schrittes seinen Weg

ihm aufwartenden ihm zu Diensten stehenden

einmal auf einmal

schnöden niedrigen, verächtlichen

hieher hierher

stracks sogleich (schnurstracks)

verabfolgen aushändigen

Kreuzdornknüttel Knüppel bzw. Knotenstock (vgl. Seite 114) aus dem harten Holz des Kreuzdorns

nervigten muskulösen

meinen Schatten zugleich und meinen treuen Diener sowohl meinen Schatten als auch meinen treuen Diener

über die Heide weiter, mir meinen Schatten zugleich und meinen treuen Diener entführend. Ich hörte lange noch den dumpfen Schall durch die Einöde dröhnen, bis er sich endlich in der Entfernung verlor. Einsam war ich wie vorher mit meinem Unglück.

VI

Allein zurückgeblieben auf der öden Heide, ließ ich unendlichen Tränen freien Lauf, mein armes Herz von namenloser banger Last erleichternd. Aber ich sah meinem überschwänglichen Elend keine Grenzen, keinen Ausgang, kein Ziel, und ich sog besonders mit grimmigem Durst an dem neuen Gifte, das der Unbekannte in meine Wunden gegossen. Als ich *Minas* Bild vor meine Seele rief, und die geliebte, süße Gestalt bleich und in Tränen mir erschien, wie ich sie zuletzt in meiner Schmach gesehen, da trat frech und höhnend *Rascals* Schemen zwischen sie und mich, ich verhüllte mein Gesicht, und floh durch die Einöde, aber die scheußliche Erscheinung gab mich nicht frei, sondern verfolgte mich im Laufe, bis ich atemlos an den Boden sank, und die Erde mit erneuertem Tränenquell befeuchtete.

Schemen Schattenbild → Seite 112

Und alles um einen Schatten! und diesen Schatten hätte mir ein Federzug wiedererworben. Ich überdachte den befremdenden Antrag und meine Weigerung. Es war wüst in mir, ich hatte weder Urteil noch Fassungsvermögen mehr.

um einen wegen eines

Der Tag verging. Ich stillte meinen Hunger mit wilden Früchten, meinen Durst im nächsten Bergstrom; die Nacht brach ein, ich lagerte mich unter einem Baum. Der feuchte Morgen weckte mich aus einem schweren Schlaf, in dem ich mich selber wie im Tode röcheln hörte. *Bendel* musste meine Spur verloren haben, und es freute mich, es zu denken. Ich wollte nicht unter die Menschen zurückkehren, vor welchen ich schreckhaft floh, wie das scheue Wild des Gebirges. So verlebte ich drei bange Tage.

Ich befand mich am Morgen des vierten auf einer sandigen Ebene, welche die Sonne beschien, und saß auf Felsentrümmern in ihrem Strahl, denn ich liebte jetzt ihren lang entbehrten Anblick zu genießen. Ich nährte still mein Herz mit seiner Verzweiflung. Da schreckte mich ein leises Geräusch auf, ich warf, zur Flucht bereit, den Blick um mich her, ich sah niemand: aber es kam auf dem sonnigen Sande an mir vorbeigeglitten ein Menschenschatten, dem meinigen nicht unähnlich, welcher, allein daherwandelnd, von seinem Herrn abgekommen zu sein schien.

abgekommen zu sein weggekommen zu sein, sich entfernt zu haben

Da erwachte in mir ein mächtiger Trieb: Schatten, dacht' ich, suchst du deinen Herrn? der will ich sein. Und ich sprang hinzu, mich seiner zu bemächtigen; ich dachte nämlich, dass, wenn es mir glückte, in seine Spur zu treten, so, dass er mir an die Füße käme, er wohl daran hängen bleiben würde, und sich mit der Zeit an mich gewöhnen.

Der Schatten, auf meine Bewegung, nahm vor mir die Flucht, und ich musste auf den leichten Flüchtling eine angestrengte Jagd beginnen, zu der mich allein der Gedanke, mich aus der furchtbaren Lage, in der ich war, zu retten, mit hinreichenden Kräften ausrüsten konnte. Er floh einem freilich noch entfernten Walde zu, in dessen Schatten ich ihn notwendig hätte verlieren müssen, – ich sah's, ein Schreck durchzuckte mir das Herz, fachte meine Begierde an, beflügelte meinen Lauf – ich gewann sichtbarlich auf den Schatten, ich kam ihm nach und nach näher, ich musste ihn erreichen. Nun hielt er plötzlich an und kehrte sich nach mir um. Wie der Löwe auf seine Beute, so schoss ich mit einem gewaltigen Sprunge hinzu, um ihn in Besitz zu nehmen – und traf unerwartet und hart auf körperlichen Widerstand. Es

leichten leichtfüßigen, mühelos dahineilenden

gewann sichtbarlich auf Gallizismus, vgl. ›gagner sur‹: ›jemanden überholen‹ (Chamissos Muttersprache war ja das Französische)

wurden mir unsichtbar die unerhörtesten Rippenstöße erteilt, die wohl je ein Mensch gefühlt hat.

Die Wirkung des Schreckens war in mir Der Schrecken löste in mir den Reflex aus

Die Wirkung des Schreckens war in mir, die Arme krampfhaft zuzuschlagen und fest zu drücken, was ungesehen vor mir stand. Ich stürzte in der schnellen Handlung vorwärts gestreckt auf den Boden: rückwärts aber unter mir ein Mensch, den ich umfasst hielt, und der jetzt erst sichtbar erschien.

das unsichtbare Vogelnest, … unsichtbar macht → Seite 112

verfehlte nicht den teuern Raub erhaschte die kostbare Beute

Nun ward mir auch das ganze Ereignis sehr natürlich erklärbar. Der Mann musste das unsichtbare Vogelnest, welches den, der es hält, nicht aber seinen Schatten, unsichtbar macht, erst getragen und jetzt weggeworfen haben. Ich spähete mit dem Blick umher, entdeckte gar bald den Schatten des unsichtbaren Nestes selbst, sprang auf und hinzu, und verfehlte nicht den teuern Raub. Ich hielt unsichtbar, schattenlos das Nest in Händen.

umherlauschte umherspähte

schnöden lasterhaften, verächtlichen (siehe Seite 47)

solcher eines solchen (Vorwands)

zu entweichen auszuweichen

Der schnell sich aufrichtende Mann, sich sogleich nach seinem beglückten Bezwinger umsehend, erblickte auf der weiten sonnigen Ebene weder ihn noch dessen Schatten, nach dem er besonders ängstlich umherlauschte. Denn dass ich an und für mich schattenlos war, hatte er vorher nicht Muße gehabt zu bemerken, und konnte es nicht vermuten. Als er sich überzeugt', dass jede Spur verschwunden, kehrte er in der höchsten Verzweiflung die Hand gegen sich selber und raufte sich das Haar aus. Mir aber gab der errungene Schatz die Möglichkeit und die Begierde zugleich, mich wieder unter die Menschen zu mischen. Es fehlte mir nicht an Vorwand gegen mich selber, meinen schnöden Raub zu beschönigen, oder vielmehr, ich bedurfte solcher nicht, und jedem Gedanken der Art zu entweichen, eilte ich hinweg, nach dem Unglücklichen nicht zurückschauend, dessen ängstliche Stimme ich mir noch lange nachschallen hörte. So wenigstens kamen mir damals alle Umstände dieses Ereignisses vor.

Ich brannte nach dem Förstergarten zu gehen, und durch mich selbst die Wahrheit dessen zu erkennen, was mir jener Verhasste verkündigt hatte; ich wusste aber nicht, wo ich war, ich bestieg, um mich in der Gegend umzuschauen, den nächsten Hügel, ich sah von seinem Gipfel das nahe Städtchen und den Förstergarten zu meinen Füßen liegen. – Heftig klopfte mir das Herz, und Tränen einer andern Art, als die ich bis dahin vergossen, traten mir in die Augen, ich sollte sie wiedersehen. – Bange Sehnsucht beschleunigte meine Schritte auf dem richtigsten Pfad hinab. Ich kam ungesehen an einigen Bauern vorbei, die aus der Stadt kamen. Sie sprachen von mir, *Rascaln* und dem Förster; ich wollte nichts anhören, ich eilte vorüber.

richtigsten kürzesten, nächsten

Ich trat in den Garten, alle Schauer der Erwartung in der Brust – mir schallte es wie ein Lachen entgegen, mich schauderte, ich warf einen schnellen Blick um mich her; ich konnte niemanden entdecken. Ich schritt weiter vor, mir war's, als vernähme ich neben mir ein Geräusch wie von Menschentritten; es war aber nichts zu sehen: ich dachte mich von meinem Ohre getäuscht. Es war noch früh, niemand in *Graf Peters* Laube, noch leer der Garten; ich durchschweifte die bekannten Gänge, ich drang bis nach dem Wohnhause vor. Dasselbe Geräusch verfolgte mich vernehmlicher. Ich setzte mich mit angstvollem Herzen auf eine Bank, die im sonnigen Raume der Haustür gegenüber stand. Es ward mir, als hörte ich den ungesehenen Kobold sich hohnlachend neben mich setzen. Der Schlüssel ward in der Tür gedreht, sie ging auf, der Forstmeister trat heraus, mit Papieren in der Hand. Ich fühlte mir wie Nebel über den Kopf ziehn, ich sah mich um, und – Entsetzen! – der Mann im grauen Rock saß neben mir, mit satanischem Lächeln auf mich blickend. – Er hatte mir seine Tarnkappe mit über den Kopf gezogen, zu seinen Füßen lagen sein und mein Schatten friedlich nebeneinan-

dachte mich dachte, ich sei

Gänge Spazierwege, Alleen

der; er spielte nachlässig mit dem bekannten Pergament, das er in der Hand hielt, und, indem der Forstmeister mit den Papieren beschäftigt im Schatten der Laube auf- und abging – beugte er sich vertraulich zu meinem Ohr und flüsterte mir die Worte:

bekannten bewussten, verhängnisvollen
flüsterte mir die Worte … zu

»So hätten Sie denn doch meine Einladung angenommen, und da säßen wir einmal zwei Köpfe unter einer Kappe! – Schon recht! schon recht! Nun geben Sie mir aber auch mein Vogelnest zurück, Sie brauchen es nicht mehr, und sind ein zu ehrlicher Mann, um es mir vorenthalten zu wollen – doch keinen Dank dafür, ich versichere Sie, dass ich es Ihnen von Herzen gern geliehen habe.« – Er nahm es unweigerlich aus meiner Hand, steckte es in die Tasche und lachte mich abermals aus, und zwar so laut, dass sich der Forstmeister nach dem Geräusch umsah. – Ich saß wie versteinert da.

einmal nun
doch doch will ich
Sie Ihnen
unweigerlich ohne dass es möglich gewesen wäre, ihm das zu verweigern

»Sie müssen mir doch gestehen«, fuhr er fort, »dass so eine Kappe viel bequemer ist. Sie deckt doch nicht nur ihren Mann, sondern auch seinen Schatten mit, und noch so viele andere, als er mitzunehmen Lust hat. Sehen Sie, heute führ ich wieder ihrer zwei.« – Er lachte wieder. »Merken Sie sich's, *Schlemihl*, was man anfangs mit Gutem nicht will, das muss man am Ende doch gezwungen. Ich dächte noch, Sie kauften mir das Ding ab, nähmen die Braut zurück, (denn noch ist es Zeit) und wir ließen den *Rascal* am Galgen baumeln, das wird uns ein Leichtes, solange es am Stricke nicht fehlt. – Hören Sie, ich gebe Ihnen noch meine Mütze in den Kauf.«

mit Gutem im Guten, mit gutem Zureden
gezwungen gezwungenermaßen

Die Mutter trat heraus und das Gespräch begann. – »Was macht *Mina*?« – »Sie weint.« – »Einfältiges Kind! es ist doch nicht zu ändern!« – »Freilich nicht; aber sie so früh einem andern zu geben – – – O Mann, Du bist grausam gegen Dein eigenes Kind.« – »Nein, Mutter, das siehst Du sehr falsch. Wenn sie, noch bevor sie ihre doch kindischen Tränen ausgeweint hat, sich als die Frau eines sehr reichen und geehr-

doch ja doch
früh bald
kindischen kindlichen

ten Mannes findet, wird sie getröstet aus ihrem Schmerze wie aus einem Traum erwachen, und Gott und uns danken, das wirst Du sehen!« – »Gott gebe es!« – »Sie besitzt freilich jetzt sehr ansehnliche Güter; aber nach dem Aufsehen, das die unglückliche Geschichte mit dem Abenteurer gemacht hat, glaubst Du, dass sich so bald eine andere, für sie so passende Partie, als der Herr *Rascal*, finden möchte? Weißt Du, was für ein Vermögen er besitzt, der Herr *Rascal*? Er hat für sechs Millionen Güter hier im Lande, frei von allen Schulden, bar bezahlt. Ich habe die Dokumente in Händen gehabt; er war's, der mir überall das Beste vorweggenommen hat; und außerdem im Portefeuille Papiere auf *Thomas John* für circa viertehalb Millionen.« – »Er muss sehr viel gestohlen haben.« – »Was sind das wieder für Reden! Er hat weislich gespart, wo verschwendet wurde.« – »Ein Mann, der die Livree getragen hat!« – »Dummes Zeug! er hat doch einen untadlichen Schatten.« – »Du hast Recht, aber – – –«

Der Mann im grauen Rock lachte und sah mich an. Die Türe ging auf, und *Mina* trat heraus. Sie stützte sich auf den Arm einer Kammerfrau, stille Tränen flossen auf ihre schönen blassen Wangen. Sie setzte sich in einen Sessel, der für sie unter den Linden bereitet war, und ihr Vater nahm einen Stuhl neben ihr. Er fasste zärtlich ihre Hand, und redete sie, die heftiger zu weinen anfing, mit zarten Worten an:

»Du bist mein gutes, liebes Kind, Du wirst auch vernünftig sein, wirst nicht Deinen alten Vater betrüben wollen, der nur Dein Glück will; ich begreife es wohl, liebes Herz, dass es Dich sehr erschüttert hat, Du bist wunderbar Deinem Unglück entkommen! Bevor wir den schändlichen Betrug entdeckt, hast Du diesen Unwürdigen sehr geliebt; siehe *Mina*, ich weiß es, und mache Dir keine Vorwürfe darüber. Ich selber, liebes Kind, habe ihn auch geliebt, solange ich ihn für einen großen Herrn angesehen habe. Nun siehst Du selber

Partie eheliche Verbindung

möchte würde

vorweggenommen weggeschnappt

im Portefeuille Papiere auf Thomas John in der Brieftasche (oder: Aktenmappe) Schuldverschreibungen, die auf den Namen eines gewissen Thomas John (des Schuldners) lauten

viertehalb dreieinhalb

weislich → Seite 112

Livree → Seite 113

Kammerfrau → Seite 113

bereitet vorbereitet, platziert worden

ein, wie anders alles geworden. Was! ein jeder Pudel hat ja seinen Schatten, und mein liebes einziges Kind sollte einen Mann – – – Nein, Du denkst auch gar nicht mehr an ihn. – Höre, *Mina*, nun wirbt ein Mann um Dich, der die Sonne nicht scheut, ein geehrter Mann, der freilich kein Fürst ist, aber zehn Millionen, zehnmal mehr als Du in Vermögen besitzt, ein Mann, der mein liebes Kind glücklich machen wird. Erwidere mir nichts, widersetze Dich nicht, sei meine gute gehorsame Tochter, lass Deinen liebenden Vater für Dich sorgen, Deine Tränen trocknen. Versprich mir, dem Herrn *Rascal* Deine Hand zu geben. – Sage, willst Du mir dies versprechen?« –

Sie antwortete mit erstorbener Stimme: »Ich habe keinen Willen, keinen Wunsch fürder auf Erden. Geschehe mit mir, was mein Vater will.« Zugleich ward Herr *Rascal* angemeldet, und trat frech in den Kreis. *Mina* lag in Ohnmacht. Mein verhasster Gefährte blickte mich zornig an und flüsterte mir die schnellen Worte: »Und das konnten Sie erdulden! Was fließt Ihnen denn statt des Blutes in den Adern?« Er ritzte mir mit einer raschen Bewegung eine leichte Wunde in die Hand, es floss Blut, er fuhr fort: »Wahrhaftig! rotes Blut! – So unterschreiben Sie!« Ich hatte das Pergament und die Feder in Händen.

fürder künftig, weiterhin (um 1800 bereits nicht mehr Teil des allgemeinen Sprachgebrauchs, sondern poetische oder auch nur gezierte Ausdrucksweise)

statt des Blutes gemeint ist (in verächtlicher Weise): Wasser

VII

Ich werde mich Deinem Urteile bloß stellen, lieber *Chamisso*, und es nicht zu bestechen suchen. Ich selbst habe lange strenges Gericht an mir selber vollzogen, denn ich habe den quälenden Wurm in meinem Herzen genährt. Es schwebte immerwährend dieser ernste Moment meines Lebens vor meiner Seele, und ich vermocht' es nur zweifelnden Blickes, mit

Demut und Zerknirschung anzuschauen. – Lieber Freund, wer leichtsinnig nur den Fuß aus der geraden Straße setzt, der wird unversehens in andere Pfade abgeführt, die abwärts und immer abwärts ihn ziehen; er sieht dann umsonst die Leitsterne am Himmel schimmern, ihm bleibt keine Wahl, er muss unaufhaltsam den Abhang hinab, und sich selbst der Nemesis opfern. Nach dem übereilten Fehltritt, der den Fluch auf mich geladen, hatt' ich durch Liebe frevelnd in eines andern Wesens Schicksal mich gedrängt; was blieb mir übrig, als wo ich Verderben gesäet, wo schnelle Rettung von mir geheischt ward, eben rettend blindlings hinzuzuspringen? denn die letzte Stunde schlug. – Denke nicht so niedrig von mir, mein *Adelbert*, als zu meinen, es hätte mich irgendein geforderter Preis zu teuer gedünkt, ich hätte mit irgendetwas, was nur mein war, mehr als eben mit Gold gekargt. – Nein, *Adelbert*; aber mit unüberwindlichem Hasse gegen diesen rätselhaften Schleicher auf krummen Wegen war meine Seele angefüllt. Ich mochte ihm Unrecht tun, doch empörte mich jede Gemeinschaft mit ihm. – Auch hier trat, wie so oft schon in mein Leben, und wie überhaupt so oft in die Weltgeschichte, ein Ereignis an die Stelle einer Tat. Später habe ich mich mit mir selber versöhnt. Ich habe erstlich die Notwendigkeit verehren lernen, und was ist mehr, als die getanene Tat, das geschehene Ereignis, ihr Eigentum! Dann hab ich auch diese Notwendigkeit als eine weise Fügung verehren lernen, die durch das gesamte große Getrieb' weht, darin wir bloß als mitwirkende getriebene treibende Räder eingreifen; was sein soll, muss geschehen, was sein sollte, geschah, und nicht ohne jene Fügung, die ich endlich noch in meinem Schicksale, und dem Schicksale derer, die das meine mit angriff, verehren lernte.

Ich weiß nicht, ob ich es der Spannung meiner Seele, unter dem Drange so mächtiger Empfindungen zuschreiben soll,

Nemesis in der griechischen Mythologie die über die sittliche Weltordnung wachende Göttin des Gleichmaßes; als Abstraktum: die ausgleichende, vergeltende Gerechtigkeit

geheischt ward gefordert wurde

mich … gedünkt mir … geschienen (siehe Seite 18)

gekargt gespart, gegeizt (siehe Seite 23)

erstlich erstens

verehren respektvoll anerkennen

getanene getane

darin in dem

Darben Leiden an Hunger und Entbehrungen allgemeiner Art

endlich zuletzt, schließlich

dieses grauen Unholdes → Seite 113

greinen weinen, winseln, heulen (von mhd. ›grinen‹)

wallten durch die Gänge (siehe Seite 12 und Seite 51)

worauf auf der

genommen auf sich genommen

ob der Erschöpfung meiner physischen Kräfte, die während der letzten Tage ungewohntes Darben geschwächt, ob endlich dem zerstörenden Aufruhr, den die Nähe dieses grauen Unholdes in meiner ganzen Natur erregte; genug, es befiel mich, als es an das Unterschreiben ging, eine tiefe Ohnmacht, und ich lag eine lange Zeit wie in den Armen des Todes.

Fußstampfen und Fluchen waren die ersten Töne, die mein Ohr trafen, als ich zum Bewusstsein zurückkehrte; ich öffnete die Augen, es war dunkel, mein verhasster Begleiter war scheltend um mich bemüht. »Heißt das nicht wie ein altes Weib sich aufführen. – Man raffe sich auf, und vollziehe frisch, was man beschlossen, oder hat man sich anders besonnen, und will lieber greinen?« – Ich richtete mich mühsam auf von der Erde, wo ich lag, und schaute schweigend um mich. Es war später Abend, aus dem hellerleuchteten Försterhause erscholl festliche Musik, einzelne Gruppen von Menschen wallten durch die Gänge des Gartens. Ein paar traten im Gespräche näher, und nahmen Platz auf der Bank, worauf ich früher gesessen hatte. Sie unterhielten sich von der an diesem Morgen vollzogenen Verbindung des reichen Herrn *Rascal* mit der Tochter des Hauses. – Es war also geschehen. –

Ich streifte mit der Hand die Tarnkappe des sogleich mir verschwindenden Unbekannten von meinem Haupte weg, und eilte stillschweigend, in die tiefste Nacht des Gebüsches mich versenkend, den Weg über *Graf Peters* Laube einschlagend, dem Ausgang des Gartens zu. Unsichtbar aber geleitete mich mein Plagegeist, mich mit scharfen Worten verfolgend. »Das ist also der Dank für die Mühe, die man genommen hat, Monsieur, der schwache Nerven hat, den langen lieben Tag hindurch zu pflegen. Und man soll den Narren im Spiele abgeben. Gut, Herr Trotzkopf, fliehn Sie nur vor mir, wir sind doch unzertrennlich. Sie haben mein Gold und ich Ihren Schatten; das lässt uns beiden keine Ruhe. – Hat man je gehört, dass ein Schatten von seinem Herrn gelassen hätte, Ihrer zieht mich Ihnen nach, bis Sie ihn wieder zu Gnaden annehmen, und ich ihn los bin. Was Sie versäumt haben, aus frischer Lust zu tun, werden Sie, nur zu spät, aus Überdruss und Langeweile nachholen müssen; man entgeht seinem Schicksale nicht.« Er sprach aus demselben Tone fort und fort; ich floh umsonst, er ließ nicht nach, und immer gegenwärtig, redete er höhnend von Gold und Schatten. Ich konnte zu keinem eigenen Gedanken kommen.

Ich hatte durch menschenleere Straßen einen Weg nach meinem Hause eingeschlagen. Als ich davor stand, und es ansah, konnte ich es kaum erkennen; hinter den eingeschlagenen Fenstern brannte kein Licht. Die Türen waren zu, kein Dienervolk regte sich mehr darin. Er lachte laut auf neben mir: »Ja, ja! so geht's; aber Ihren *Bendel* finden Sie wohl daheim, den hat man jüngst vorsorglich so müde nach Hause geschickt, dass er es wohl seitdem gehütet haben wird.« Er lachte wieder. »Der wird Geschichten zu erzählen haben. – Wohlan denn! für heute gute Nacht, auf baldiges Wiedersehen.«

Ich hatte wiederholt geklingelt, es erschien Licht; *Bendel* frug von innen, wer geklingelt habe. Als der gute Mann meine Stimme erkannte, konnte er seine Freude kaum bändigen, die Tür flog auf, wir lagen weinend einander in den Armen. Ich fand ihn sehr verändert, schwach und krank; mir war aber das Haar ganz grau geworden.

Er führte mich durch die verödeten Zimmer nach einem innern verschont gebliebenen Gemach; er holte Speise und Trank herbei, wir setzten uns, er fing wieder an zu weinen. Er erzählte mir, dass er letzthin den grau gekleideten dürren Mann, den er mit meinem Schatten angetroffen hatte, so lan-

doch ja doch, nichtsdestotrotz

wieder zu Gnaden annehmen ironische Wendung: In christlicher, besonders lutherischer Vorstellung wird ein Sünder von Gott zu Gnaden angenommen, was keineswegs sein eigenes Verdienst ist.

aus demselben Tone in der gleichen Weise

gegenwärtig an meiner Seite, dicht neben mir

Gemach Zimmer, Raum eines vornehmen Hauses (gehobener Sprachgebrauch) *der Pöbel* die ungebildete, gewaltbereite Masse; hier mit dem verächtlichen Nebensinn, der sich heute grundsätzlich mit dem Begriff verbindet (vgl. die neutrale Verwendung auf Seite 32: das einfache Volk)

gebüßt befriedigt

den das (nicht den Grund, sondern das Vermögen)

verschmähen vernachlässigen, leicht verschmerzen

ich hatte ihm meine Tränen ausgeweint ich hatte keine Tränen mehr dafür übrig

weißt kennst

ge und so weit geschlagen habe, bis er selbst meine Spur verloren und vor Müdigkeit hingesunken sei; dass nachher, wie er mich nicht wiederfinden gekonnt, er nach Hause zurückgekehrt, wo bald darauf der Pöbel, auf *Rascals* Anstiften, herangestürmt, die Fenster eingeschlagen, und seine Zerstörungslust gebüßt. So hätten sie an ihrem Wohltäter gehandelt. Meine Dienerschaft war auseinandergeflohen. Die örtliche Polizei hatte mich als verdächtig aus der Stadt verwiesen, und mir eine Frist von vierundzwanzig Stunden festgesetzt, um deren Gebiet zu verlassen. Zu dem, was mir von *Rascals* Reichtum und Vermählung bekannt war, wusste er noch vieles hinzuzufügen. Dieser Bösewicht, von dem alles ausgegangen, was hier gegen mich geschehen war, musste vom Anbeginn mein Geheimnis besessen haben, es schien, er habe, vom Golde angezogen, sich an mich zu drängen gewusst, und schon in der ersten Zeit einen Schlüssel zu jenem Goldschrank sich verschafft, wo er den Grund zu dem Vermögen gelegt, den noch zu vermehren er jetzt verschmähen konnte.

Das alles erzählte mir *Bendel* unter häufigen Tränen, und weinte dann wieder vor Freuden, dass er mich wiedersah, mich wiederhatte, und dass, nachdem er lange gezweifelt, wohin das Unglück mich gebracht haben mochte, er mich es ruhig und gefasst ertragen sah. Denn solche Gestaltung hatte nun die Verzweiflung in mir genommen. Ich sah mein Elend riesengroß, unwandelbar vor mir, ich hatte ihm meine Tränen ausgeweint, es konnte kein Geschrei mehr aus meiner Brust pressen, ich trug ihm kalt und gleichgültig mein entblößtes Haupt entgegen.

»Bendel«, hub ich an, »Du weißt mein Los. Nicht ohne früheres Verschulden trifft mich schwere Strafe. Du sollst länger nicht, unschuldiger Mann, Dein Schicksal an das meine binden, ich will es nicht. Ich reite die Nacht noch fort, sattle

mir ein Pferd, ich reite allein; du bleibst, ich will's. Es müssen hier noch einige Kisten Goldes liegen, das behalte Du. Ich werde allein unstet in der Welt wandern; wann mir aber je eine heitere Stunde wieder lacht, und das Glück mich versöhnet anblickt, dann will ich Deiner getreu gedenken, denn ich habe an Deiner getreuen Brust in schweren schmerzlichen Stunden geweint.«

Mit gebrochenem Herzen musste der Redliche diesem letzten Befehle seines Herrn, worüber er in der Seele erschrak, gehorchen; ich war seinen Bitten, seinen Vorstellungen taub, blind seinen Tränen; er führte mir das Pferd vor. Ich drückte noch einmal den Weinenden an meine Brust, schwang mich in den Sattel und entfernte mich unter dem Mantel der Nacht von dem Grabe meines Lebens, unbekümmert, welchen Weg mein Pferd mich führen werde; denn ich hatte weiter auf Erden kein Ziel, keinen Wunsch, keine Hoffnung.

VIII

Es gesellte sich bald ein Fußgänger zu mir, welcher mich bat, nachdem er eine Weile neben meinem Pferde geschritten war, da wir doch denselben Weg hielten, einen Mantel, den er trug, hinten auf mein Pferd legen zu dürfen, ich ließ es stillschweigend geschehen. Er dankte mir mit leichtem Anstand für den leichten Dienst, lobte mein Pferd, nahm daraus Gelegenheit, das Glück und die Macht der Reichen hoch zu preisen, und ließ sich, ich weiß nicht wie, in eine Art von Selbstgespräch ein, bei dem er mich bloß zum Zuhörer hatte.

Er entfaltete seine Ansichten von dem Leben und der Welt, und kam sehr bald auf die Metaphysik, an die die Forderung erging, das Wort aufzufinden, das aller Rätsel Lö-

unstet flüchtig und ruhelos

wann wenn

will ich Deiner getreu gedenken will ich Deine Treue belohnen

Vorstellungen Einwänden gegenüber

führte mir das Pferd vor brachte mir das gesattelte Pferd

hielten einschlugen, zu haben schienen

mit leichtem Anstand für den leichten Dienst auf gewandte Art für die (kleine) Gefälligkeit (siehe Seite 13)

ließ sich … in … ein begann

Metaphysik → Seite 113

das Wort die Formel

sung sei. Er setzte die Aufgabe mit vieler Klarheit auseinander, und schritt fürder zu deren Beantwortung.

schritt fürder ging über

Du weißt, mein Freund, dass ich deutlich erkannt habe, seitdem ich den Philosophen durch die Schule gelaufen, dass ich zur philosophischen Spekulation keineswegs berufen bin, und dass ich mir dieses Feld völlig abgesprochen habe; ich habe seither vieles auf sich beruhen lassen, vieles zu wissen und zu begreifen Verzicht geleistet, und bin, wie Du es mir selber geraten, meinem geraden Sinn vertrauend, der Stimme in mir, so viel es in meiner Macht gewesen, auf dem eigenen Weg gefolgt. Nun schien mir dieser Redekünstler mit großem Talent ein fest gefügtes Gebäude aufzuführen, das in sich selbst begründet sich emportrug, und wie durch eine innere Notwendigkeit bestand. Nur vermisst' ich ganz in ihm, was ich eben darin hätte suchen wollen, und so ward es mir zu einem bloßen Kunstwerk, dessen zierliche Geschlossenheit und Vollendung dem Auge allein zur Ergötzung diente; aber ich hörte dem wohlberedten Manne gerne zu, der meine Aufmerksamkeit von meinen Leiden auf sich selbst abgelenkt, und ich hätte mich ihm willig ergeben, wenn er meine Seele wie meinen Verstand in Anspruch genommen hätte.

den Philosophen durch die Schule gelaufen eine philosophische Grundbildung genossen habe

zur philosophischen Spekulation zum (fruchtlosen) Philosophieren (im Gegensatz zur geduldigen Naturbeobachtung; Chamisso gibt hier seine eigene Auffassung wieder.)

Gebäude aufzuführen Gedankengebäude zu errichten

zur Ergötzung zum Genuss

mich ihm willig ergeben es mir willig gefallen lassen

Mittlerweile war die Zeit hingegangen, und unbemerkt hatte schon die Morgendämmerung den Himmel erhellt; ich erschrak, als ich mit einem Mal aufblickte, und im Osten die Pracht der Farben sich entfalten sah, die die nahe Sonne verkünden, und gegen sie war in dieser Stunde, wo die Schlagschatten mit ihrer ganzen Ausdehnung prunken, kein Schutz, kein Bollwerk in der offenen Gegend zu ersehn! und ich war nicht allein; ich warf einen Blick auf meinen Begleiter und erschrak wieder. – Es war kein anderer als der Mann im grauen Rock.

wie in gleicher Weise wie

die Zeit einige Zeit, längere Zeit

Er lächelte über meine Bestürzung, und fuhr fort, ohne

mich zum Wort kommen zu lassen: »Lasst uns doch, wie es einmal in der Welt Sitte ist, unsern wechselseitigen Vorteil uns auf eine Weile verbinden, zu scheiden haben wir immer noch Zeit. Die Straße hier längs dem Gebirge, ob Sie gleich noch nicht daran gedacht haben, ist doch die einzige, die Sie vernünftigerweise einschlagen können; hinab in das Tal dürfen Sie nicht, und über das Gebirg werden Sie noch weniger zurückkehren wollen, von wo Sie hergekommen sind – diese ist auch gerade meine Straße. – Ich sehe Sie schon vor der aufgehenden Sonne erblassen. Ich will Ihnen Ihren Schatten auf die Zeit unserer Gesellschaft leihen, und Sie dulden mich dafür in Ihrer Nähe; Sie haben so Ihren *Bendel* nicht mehr bei sich; ich will Ihnen gute Dienste leisten. Sie lieben mich nicht, das ist mir leid. Sie können mich darum doch benutzen. Der Teufel ist nicht so schwarz, als man ihn malt. Gestern haben Sie mich geärgert, das ist wahr, heute will ich's Ihnen nicht nachtragen, und ich habe Ihnen schon den Weg bis hieher verkürzt, das müssen Sie selbst gestehen – nehmen Sie doch nur einmal Ihren Schatten auf Probe wieder an.«

Die Sonne war aufgegangen, auf der Straße kamen uns Menschen entgegen; ich nahm, obgleich mit innerlichem Widerwillen, den Antrag an. Er ließ lächelnd meinen Schatten zur Erde gleiten, der alsbald seine Stelle auf des Pferdes Schatten einnahm und lustig neben mir hertrabte. Mir war sehr seltsam zu Mut. Ich ritt an einem Trupp Landleute vorbei, die vor einem wohlhabenden Mann ehrerbietig mit entblößtem Haupte Platz machten. Ich ritt weiter, und blickte gierigen Auges und klopfenden Herzens seitwärts vom Pferde herab auf diesen sonst meinen Schatten, den ich jetzt von einem Fremden, ja von einem Feinde, erborgt hatte.

Dieser ging unbekümmert neben her, und pfiff eben ein Liedchen. Er zu Fuß, ich zu Pferd, ein Schwindel ergriff mich,

zum zu

einmal nun einmal

ob Sie gleich obgleich Sie, auch wenn Sie

mich darum doch benutzen meine Dienste ja doch trotzdem in Anspruch nehmen

Der Teufel ist nicht so schwarz, als man ihn malt. → Seite 113

verkürzt durch meine Reden verkürzt

Landleute Personen, die auf dem Lande leben; Landvolk

neben her nebenher, neben mir her

die Versuchung war zu groß, ich wandte plötzlich die Zügel, drückte beide Sporen an, und so in voller Karriere einen Seitenweg eingeschlagen, aber ich entführte den Schatten nicht, der bei der Wendung vom Pferde glitt und seinen gesetzmäßigen Eigentümer auf der Landstraße erwartete. Ich musste beschämt umlenken, der Mann im grauen Rocke, als er ungestört sein Liedchen zu Ende gebracht, lachte mich aus, setzte mir den Schatten wieder zurecht, und belehrte mich, er würde erst an mir festhangen und bei mir bleiben wollen, wenn ich ihn wiederum als rechtmäßiges Eigentum besitzen würde. »Ich halte Sie«, fuhr er fort, »am Schatten fest, und Sie kommen mir nicht los. Ein reicher Mann, wie Sie, braucht einmal einen Schatten, das ist nicht anders, Sie sind nur darin zu tadeln, dass Sie es nicht früher eingesehen haben.« –

drückte beide Sporen an gab dem Pferd beide Sporen

in voller Karriere in gestrecktem Galopp

einmal nun einmal

nicht anders nun einmal so

Ich setzte meine Reise auf derselben Straße fort; es fanden sich bei mir alle Bequemlichkeiten des Lebens, und selbst ihre Pracht wieder ein; ich konnte mich frei und leicht bewegen, da ich einen, obgleich nur erborgten, Schatten besaß, und ich flößte überall die Ehrfurcht ein, die der Reichtum gebietet; aber ich hatte den Tod im Herzen. Mein wundersamer Begleiter, der sich selbst für den unwürdigen Diener des reichsten Mannes in der Welt ausgab, war von einer außerordentlichen Dienstfertigkeit, über die Maßen gewandt und geschickt, der wahre Inbegriff eines Kammerdieners für einen reichen Mann, aber er wich nicht von meiner Seite, und führte unaufhörlich das Wort gegen mich, stets die größte Zuversicht an den Tag legend, dass ich endlich, sei es auch nur, um ihn loszuwerden, den Handel mit dem Schatten abschließen würde. – Er war mir ebenso lästig als verhasst. Ich konnte mich ordentlich vor ihm fürchten. Ich hatte mich von ihm abhängig gemacht. Er hielt mich, nachdem er mich in die Herrlichkeit der Welt, die ich floh, zurückgeführt hatte. Ich musste seine Beredsamkeit über mich ergehen lassen,

Kammerdieners → Seite 114

floh gemieden hatte

und fühlte schier, er habe Recht. Ein Reicher muss in der Welt einen Schatten haben, und, sobald ich den Stand behaupten wollte, den er mich wieder geltend zu machen verleitet hatte, war nur ein Ausgang zu ersehen. Dieses aber stand bei mir fest, nachdem ich meine Liebe hingeopfert, nachdem mir das Leben verblasst war, wollt' ich meine Seele nicht, sei es um alle Schatten der Welt, dieser Kreatur verschreiben. Ich wusste nicht, wie es enden sollte.

schier fast, beinahe (oder auch: plötzlich)

Wir saßen einst vor einer Höhle, welche die Fremden, die das Gebirg bereisen, zu besuchen pflegen. Man hört dort das Gebrause unterirdischer Ströme aus ungemessener Tiefe heraufschallen, und kein Grund scheint den Stein, den man hineinwirft, in seinem hallenden Fall aufzuhalten. Er malte mir, wie er öfters tat, mit verschwenderischer Einbildungskraft und im schimmernden Reize der glänzendsten Farben, sorgfältig ausgeführte Bilder von dem, was ich in der Welt, kraft meines Säckels, ausführen würde, wenn ich erst meinen Schatten wieder in meiner Gewalt hätte. Die Ellenbogen auf die Knie gestützt, hielt ich mein Gesicht in meinen Händen verborgen, und hörte dem Falschen zu, das Herz zwiefach geteilt zwischen der Verführung und dem strengen Willen in mir. Ich konnte bei solchem innerlichen Zwiespalt länger nicht ausdauern, und begann den entscheidenden Kampf:

Grund Boden

zwiefach zweifach, doppelt

ausdauern es … aushalten

»Sie scheinen, mein Herr, zu vergessen, dass ich Ihnen zwar erlaubt habe, unter gewissen Bedingungen in meiner Begleitung zu bleiben, dass ich mir aber meine völlige Freiheit vorbehalten habe.« – »Wenn Sie befehlen, so pack ich ein.« Die Drohung war ihm geläufig. Ich schwieg; er setzte sich gleich daran, meinen Schatten wieder zusammenzurollen. Ich erblasste, aber ich ließ es stumm geschehen. Es erfolgte ein langes Stillschweigen. Er nahm zuerst das Wort:

»Sie können mich nicht leiden, mein Herr, Sie hassen mich, ich weiß es; doch warum hassen Sie mich? Ist es etwa, weil Sie mich auf öffentlicher Straße angefallen, und mir mein Vogelnest mit Gewalt zu rauben gemeint, oder ist es darum, dass Sie mein Gut, den Schatten, den Sie Ihrer bloßen Ehrlichkeit anvertraut glaubten, mir diebischerweise zu entwenden gesucht haben? Ich meinerseits hasse Sie darum nicht; ich finde ganz natürlich, dass Sie alle Ihre Vorteile, List und Gewalt geltend zu machen suchen; dass Sie übrigens die allerstrengsten Grundsätze haben, und, wie die Ehrlichkeit selbst denken, ist eine Liebhaberei, wogegen ich auch nichts habe. – Ich denke in der Tat nicht so streng als Sie; ich handle bloß, wie Sie denken. Oder hab ich Ihnen etwa irgendwann den Daumen auf die Gurgel gedrückt, um Ihre werteste Seele, zu der ich einmal Lust habe, an mich zu bringen! Hab ich von wegen meines ausgetauschten Säckels einen Diener auf Sie losgelassen, hab ich Ihnen damit durchzugehen versucht?« Ich hatte dagegen nichts zu erwidern; er fuhr fort: »Schon recht, mein Herr, schon recht! Sie können mich nicht leiden; auch das begreife ich wohl, und verarge es Ihnen weiter nicht. Wir müssen scheiden, das ist klar, und auch Sie fangen an, mir sehr langweilig vorzukommen. Um sich also meiner ferneren beschämenden Gegenwart völlig zu entziehen, rate ich es Ihnen noch einmal: Kaufen Sie mir das Ding ab.« – Ich hielt ihm den Säckel hin. »Um den Preis?« – »Nein!« – Ich seufzte schwer auf und nahm wieder das Wort: »Auch also. Ich dringe darauf, mein Herr, lasst uns scheiden, vertreten Sie mir länger nicht den Weg auf einer Welt, die hoffentlich geräumig genug ist für uns beide.« Er lächelte und erwiderte: »Ich gehe, mein Herr, zuvor aber will ich Sie unterrichten, wie Sie mir klingeln können, wenn Sie je Verlangen nach Ihrem untertänigsten Knecht tragen sollten: Sie brauchen nur Ihren Säckel zu schütteln, dass die ewigen Goldstücke darinnen rasseln, der Ton zieht mich augenblicklich an. Ein jeder denkt auf seinen Vorteil in dieser

als Sie wie Sie

zu der ich einmal Lust habe nach der es mich nun einmal verlangt, die ich nun einmal zu besitzen wünsche

dagegen nichts zu erwidern dem nichts entgegenzusetzen

ferneren weiteren, fortgesetzten

Auch also So sei es denn

Sie unterrichten Ihnen mitteilen

mir klingeln mir Bescheid geben

tragen verspüren

die ewigen die unerschöpflichen (der nie versiegende Vorrat an …)

denkt auf seinen trachtet nach seinem

Welt; Sie sehen, dass ich auf Ihren zugleich bedacht bin, denn ich eröffne Ihnen offenbar eine neue Kraft. – O dieser Säckel! – Und hätten gleich die Motten Ihren Schatten schon aufgefressen, der würde noch ein starkes Band zwischen uns sein. Genug, Sie haben mich an meinem Gold, befehlen Sie auch in der Ferne über Ihren Knecht, Sie wissen, dass ich mich meinen Freunden dienstfertig genug erweisen kann, und dass die Reichen besonders gut mit mir stehen; Sie haben es selbst gesehen. – Nur Ihren Schatten, mein Herr – das lassen Sie sich gesagt sein – nie wieder, als unter einer einzigen Bedingung.«

Gestalten der alten Zeit traten vor meine Seele. Ich frug ihn schnell: »Hatten Sie eine Unterschrift vom Herrn *John*?« – Er lächelte. – »Mit einem so guten Freund hab ich es keineswegs nötig gehabt.« – »Wo ist er? bei Gott, ich will es wissen!« Er steckte zögernd die Hand in die Tasche, und daraus bei den Haaren hervorgezogen erschien *Thomas Johns* bleiche entstellte Gestalt, und die blauen Leichenlippen bewegten sich zu schweren Worten: *»Justo judicio Dei judicatus sum; Justo judicio Dei condemnatus sum.«* Ich entsetzte mich, und schnell den klingenden Säckel in den Abgrund werfend, sprach ich zu ihm die letzten Worte: »So beschwör ich Dich im Namen Gottes, Entsetzlicher! hebe Dich von dannen und lasse Dich nie wieder vor meinen Augen blicken!« Er erhub sich finster und verschwand sogleich hinter den Felsenmassen, die den wild bewachsenen Ort begrenzten.

IX

Ich saß da ohne Schatten und ohne Geld; aber ein schweres Gewicht war von meiner Brust genommen, ich war heiter. Hätte ich nicht auch meine Liebe verloren, oder hätt ich

gleich auch

Motten »(in zahlreichen Arten vorkommende) kleine Schmetterlinge mit dicht behaartem Körper, deren Raupen besonders Wollstoffe, Pelze oder Ähnliches zerfressen« (Duden)

»Justo judicio … condemnatus sum.« (lat.) »Durch das gerechte Gericht Gottes bin ich gerichtet; durch das gerechte Gericht Gottes bin ich verdammt.« (vgl. Johannes 7,24, in der Vulgata, der im Mittelalter gebräuchlichen lateinischen Ausgabe der Bibel)

hebe Dich von dannen Anspielung auf die Worte Jesu, als er in der Wüste vom Satan versucht wird: »Da sprach Jesus zu ihm: Hebe dich weg von mir Satan!« (Matthäus 4,10)

erhub erhob

mich nur bei deren Verlust vorwurfsfrei gefühlt, ich glaube, ich hätte glücklich sein können – ich wusste aber nicht, was ich anfangen sollte. Ich durchsuchte meine Taschen und fand noch einige Goldstücke darin; ich zählte sie, und lachte. – Ich hatte meine Pferde unten im Wirtshause, ich schämte mich, dahin zurückzukehren, ich musste wenigstens den Untergang der Sonne erwarten; sie stand noch hoch am Himmel: Ich legte mich in den Schatten der nächsten Bäume und schlief ruhig ein.

Anmutige Bilder verwoben sich mir im luftigen Tanze zu einem gefälligen Traum. *Mina*, einen Blumenkranz in den Haaren, schwebte an mir vorüber, und lächelte mich freundlich an. Auch der ehrliche *Bendel* war mit Blumen bekränzt, und eilte mit freundlichem Gruße vorüber. Viele sah ich noch, und wie mich dünkt, auch Dich, *Chamisso*, im fernen Gewühl; ein helles Licht schien, es hatte aber keiner einen Schatten, und was seltsamer ist, es sah nicht übel aus, – Blumen und Lieder, Liebe und Freude unter Palmenhainen. – – – Ich konnte die beweglichen, leicht verwehten, lieblichen Gestalten weder festhalten noch deuten; aber ich weiß, dass ich gerne solchen Traum träumte und mich vor dem Erwachen in Acht nahm; ich wachte wirklich schon, und hielt noch die Augen zu, um die weichenden Erscheinungen länger vor meiner Seele zu behalten.

mich dünkt mir scheint (siehe Seite 18)

Palmenhainen (siehe Seite 12 und 105)

in Acht nahm scheute

Ich öffnete endlich die Augen, die Sonne stand noch am Himmel, aber im Osten; ich hatte die Nacht verschlafen. Ich nahm es für ein Zeichen, dass ich nicht nach dem Wirtshause zurückkehren sollte. Ich gab leicht, was ich dort noch besaß, verloren, und beschloss, eine Nebenstraße, die durch den waldbewachsenen Fuß des Gebirges führte, zu Fuße einzuschlagen, dem Schicksal es anheimstellend, was es mit mir vorhatte, zu erfüllen. Ich schaute nicht hinter mich zurück, und dachte auch nicht daran, an *Bendel*, den ich reich zu-

leicht ohne Bedauern

rückgelassen hatte, mich zu wenden, welches ich allerdings gekonnt hätte. Ich sah mich an auf den neuen Charakter, den ich in der Welt bekleiden sollte: Mein Anzug war sehr bescheiden. Ich hatte eine alte schwarze Kurtka an, die ich schon in Berlin getragen, und die mir, ich weiß nicht wie, zu dieser Reise erst wieder in die Hand gekommen war. Ich hatte sonst eine Reisemütze auf dem Kopf und ein Paar alte Stiefeln an den Füßen. Ich erhob mich, schnitt mir an selbiger Stelle einen Knotenstock zum Andenken, und trat sogleich meine Wanderung an.

Ich begegnete im Wald einem alten Bauer, der mich freundlich begrüßte, und mit dem ich mich in Gespräch einließ. Ich erkundigte mich, wie ein wissbegieriger Reisender, erst nach dem Wege, dann nach der Gegend und deren Bewohnern, den Erzeugnissen des Gebirges und derlei mehr. Er antwortete verständig und redselig auf meine Fragen. Wir kamen an das Bette eines Bergstromes, der über einen weiten Strich des Waldes seine Verwüstung verbreitet hatte. Mich schauderte innerlich vor dem sonnenhellen Raum, ich ließ den Landmann vorangehen. Er hielt aber mitten im gefährlichen Orte still, und wandte sich zu mir, um mir die Geschichte dieser Verwüstung zu erzählen. Er bemerkte bald, was mir fehlte, und hielt mitten in seiner Rede ein: »Aber wie geht denn das zu, der Herr hat ja keinen Schatten.« – »Leider! leider!«, erwiderte ich seufzend. »Es sind mir während einer bösen langen Krankheit, Haare, Nägel und Schatten ausgegangen. Seht, Vater, in meinem Alter, die Haare, die ich wieder gekriegt habe, ganz weiß, die Nägel sehr kurz, und der Schatten, der will noch nicht wieder wachsen.« – »Ei! ei!«, versetzte der alte Mann kopfschüttelnd, »keinen Schatten, das ist bös! das war eine böse Krankheit, die der Herr gehabt hat.« Aber, er hub seine Erzählung nicht wieder an, und bei dem nächsten Querweg, der sich darbot, ging er, ohne ein

Ich sah mich an auf den neuen Charakter, den ich in der Welt bekleiden sollte Ich stellte mich auf die neue Rolle ein, die ich in der Welt spielen würde

Kurtka (siehe Seite 9 und 100)

Knotenstock → Seite 114

in in ein

Strich Streifen

Landmann (siehe Seite 61: Landleute)

hielt … ein brach … ab

Wort zu sagen, von mir ab. – Bittere Tränen zitterten aufs Neue in meinen Wangen und meine Heiterkeit war hin.

Ich setzte traurigen Herzens meinen Weg fort, und suchte ferner keines Menschen Gesellschaft. Ich hielt mich im dunkelsten Wald, und musste manchmal, um über einen Strich, wo die Sonne schien, zu kommen, stundenlang darauf warten, dass mir keines Menschen Aug' den Durchgang verbot. Am Abende suchte ich Herberge in den Dörfern zu nehmen. Ich ging eigentlich nach einem Bergwerk im Gebirg, wo ich Arbeit unter der Erde zu finden gedachte; denn, davon abgesehen, dass meine jetzige Lage mir gebot, für meinen Lebensunterhalt selbst zu sorgen, hatte ich dieses wohl erkannt, dass mich allein angestrengte Arbeit gegen meine zerstörenden Gedanken schützen könnte.

Ein paar regnichte Tage förderten mich leicht auf dem Weg, aber auf Kosten meiner Stiefeln, deren Sohlen für den *Grafen Peter* und nicht für den Fußknecht berechnet worden. Ich ging schon auf den bloßen Füßen. Ich musste ein Paar neue Stiefeln anschaffen. Am nächsten Morgen besorgte ich dieses Geschäft mit vielem Ernst in einem Flecken, wo Kirmes war, und wo in einer Bude alte und neue Stiefeln zu Kauf standen. Ich wählte und handelte lange. Ich musste auf ein Paar neue, die ich gerne gehabt hätte, Verzicht leisten; mich schreckte die unbillige Forderung. Ich begnügte mich also mit alten, die noch gut und stark waren, und die mir der schöne blondlockige Knabe, der die Bude hielt, gegen gleich bare Bezahlung, freundlich lächelnd einhändigte, indem er mir Glück auf den Weg wünschte. Ich zog sie gleich an, und ging zum nördlich gelegenen Tor aus dem Ort.

Ich war in meinen Gedanken sehr vertieft, und sah kaum, wo ich den Fuß hinsetzte, denn ich dachte an das Bergwerk, wo ich auf den Abend noch anzulangen hoffte, und wo ich nicht recht wusste, wie ich mich ankündigen sollte. Ich war

in gemeint ist: auf

Herberge … zu nehmen ein (kostenloses) Nachtquartier … zu finden

Ich ging eigentlich nach einem Mein Ziel war eigentlich ein

förderten mich leicht auf dem Weg ließen mich gut vorankommen (da keine Sonne schien)

Fußknecht → Seite 114

Flecken kleinen Ort → Seite 114

Kirmes Kirchweih, Jahrmarkt, Rummel

die unbillige Forderung der überteuerte Preis

der die Bude hielt der in der Bude als Verkäufer arbeitete

meinen meine

noch keine zweihundert Schritte gegangen, als ich bemerkte, dass ich aus dem Wege gekommen war; ich sah mich darnach um, ich befand mich in einem wüsten uralten Tannenwald, woran die Axt nie gelegt worden zu sein schien. Ich drang noch einige Schritte vor, ich sah mich mitten unter öden Felsen, die nur mit Moos und Steinbrecharten bewachsen waren, und zwischen welchen Schnee- und Eisfelder lagen. Die Luft war sehr kalt, ich sah mich um, der Wald war hinter mir verschwunden. Ich machte noch einige Schritte – um mich herrschte die Stille des Todes, unabsehbar dehnte sich das Eis, worauf ich stand, und worauf ein dichter Nebel schwer ruhte; die Sonne stand blutig am Rande des Horizontes. Die Kälte war unerträglich. Ich wusste nicht, wie mir geschehen war, der erstarrende Frost zwang mich, meine Schritte zu beschleunigen, ich vernahm nur das Gebrause ferner Gewässer, ein Schritt, und ich war am Eisufer eines Ozeans. Unzählbare Herden von Seehunden stürzten sich vor mir rauschend in die Flut. Ich folgte diesem Ufer, ich sah wieder nackte Felsen, Land, Birken- und Tannenwälder, ich lief noch ein paar Minuten gerade vor mir hin. Es ward erstickend heiß, ich sah mich um, ich stand zwischen schön gebauten Reisfeldern unter Maulbeerbäumen, ich setzte mich in deren Schatten, ich sah nach meiner Uhr, ich hatte vor nicht einer Viertelstunde den Marktflecken verlassen, – ich glaubte zu träumen, ich biss mich in die Zunge, um mich zu erwecken; aber ich wachte wirklich. – Ich schloss die Augen zu, um meine Gedanken zusammenzufassen. – Ich hörte vor mir seltsame Silben durch die Nase zählen; ich blickte auf: zwei Chinesen, an der asiatischen Gesichtsbildung unverkennbar, wenn ich auch ihrer Kleidung keinen Glauben beimessen wollte, redeten mich mit landesüblichen Begrüßungen in ihrer Sprache an; ich stand auf und trat zwei Schritte zurück. Ich sah sie nicht mehr, die Landschaft war ganz verändert:

aus dem Wege gekommen vom Wege abgekommen

Steinbrecharten → Seite 114

Marktflecken → Seite 115

zusammenzufassen zu sammeln

wenn ich auch … beimessen wollte selbst wenn ich ihre typisch chinesische Kleidung ignoriert hätte *kannte* bestimmen (identifizieren) konnte

Rekrut, der geübt wird neu angeworbener Soldat, der das Marschieren in militärischer Ordnung erst noch erlernen muss

Fluren, Auen ebene Felder, fruchtbare (an einem Gewässer gelegene) Wiesen

Siebenmeilenstiefeln → Seite 116

denn klar stand plötzlich meine Zukunft vor meiner Seele … die Wissenschaft → Seite 116

Höhen des Tibet das oft als »Dach der Welt« apostrophierte ausgedehnte Hochland nördlich des Himalaya-Gebirges

Bäume, Wälder, statt der Reisfelder. Ich betrachtete diese Bäume und die Kräuter, die um mich blühten; die ich kannte, waren südöstlich asiatische Gewächse; ich wollte auf den einen Baum zugehen, ein Schritt – und wiederum alles verändert. Ich trat nun an, wie ein Rekrut, der geübt wird, und schritt langsam, gesetzt einher. Wunderbar veränderliche Länder, Fluren, Auen, Gebirge, Steppen, Sandwüsten entrollen sich vor meinem staunenden Blick: es war kein Zweifel, ich hatte Siebenmeilenstiefeln an den Füßen.

X

Ich fiel in stummer Andacht auf meine Knie und vergoss Tränen des Dankes – denn klar stand plötzlich meine Zukunft vor meiner Seele. Durch frühe Schuld von der menschlichen Gesellschaft ausgeschlossen, ward ich zum Ersatz an die Natur, die ich stets geliebt, gewiesen, die Erde mir zu einem reichen Garten gegeben, das Studium zur Richtung und Kraft meines Lebens, zu ihrem Ziel die Wissenschaft. Es war nicht ein Entschluss, den ich fasste. Ich habe nur seitdem, was da hell und vollendet im Urbild vor mein innres Auge trat, getreu, mit stillem, strengen, unausgesetzten Fleiß darzustellen gesucht, und meine Selbstzufriedenheit hat von dem Zusammenfallen des Dargestellten mit dem Urbild abgehangen.

Ich raffte mich auf, um ohne Zögern mit flüchtigem Überblick Besitz von dem Felde zu nehmen, wo ich künftig ernten wollte – ich stand auf den Höhen des Tibet, und die Sonne, die mir vor wenigen Stunden aufgegangen war, neigte sich hier schon am Abendhimmel, ich durchwanderte Asien von Osten gegen Westen, sie in ihrem Lauf einholend, und trat in Afrika ein. Ich sah mich neugierig darin um, indem ich es wiederholt in allen Richtungen durchmaß. Wie ich durch

Ägypten die alten Pyramiden und Tempel angaffte, erblickte ich in der Wüste, unfern des hunderttorigen Theben, die Höhlen, wo christliche Einsiedler sonst wohnten. Es stand plötzlich fest und klar in mir: hier ist dein Haus. – Ich erkor eine der verborgensten, die zugleich geräumig, bequem und den Schakalen unzugänglich war, zu meinem künftigen Aufenthalte, und setzte meinen Stab weiter.

Ich trat bei den Herkules-Säulen nach Europa über, und nachdem ich seine südlichen und nördlichen Provinzen in Augenschein genommen, trat ich von Nordasien über den Polargletscher nach Grönland und Amerika über, durchschweifte die beiden Teile dieses Kontinents, und der Winter, der schon im Süden herrschte, trieb mich schnell vom Cap Horn nordwärts zurück.

Ich verweilte mich, bis es im östlichen Asien Tag wurde, und setzte erst nach einiger Ruh meine Wanderung fort. Ich verfolgte durch beide Amerika die Bergkette, die die höchsten bekannten Unebenheiten unserer Kugel in sich fasst. Ich schritt langsam und vorsichtig von Gipfel zu Gipfel, bald über flammende Vulkane, bald über beschneite Kuppeln, oft mit Mühe atmend, ich erreichte den Eliasberg, und sprang über die Beringstraße nach Asien. – Ich verfolgte dessen westliche Küsten in ihren vielfachen Wendungen, und untersuchte mit besonderer Aufmerksamkeit, welche der dort gelegenen Inseln mir zugänglich wären. Von der Halbinsel Malakka trugen mich meine Stiefel auf Sumatra, Java, Bali und Lamboc, ich versuchte, selbst oft mit Gefahr, und dennoch immer vergebens, mir über die kleinern Inseln und Felsen, wovon dieses Meer starrt, einen Übergang nordwestlich nach Borneo und andern Inseln dieses Archipelagus zu bahnen. Ich musste die Hoffnung aufgeben. Ich setzte mich endlich auf die äußerste Spitze von Lamboc nieder, und das Gesicht gen Süden und Osten gewendet, weint' ich, wie am fest

des hunderttorigen Theben vgl. Vers 383 im Neunten Gesang der »Ilias« des Homer

sonst einst

bei den Herkules-Säulen an der Straße von Gibraltar → Seite 116

Cap Horn der südlichste Punkt Südamerikas

bald … bald einmal … dann wieder (wenig später)

Eliasberg → Seite 117

Beringstraße → Seite 117

Halbinsel Malakka → Seite 117

Sumatra, Java, Bali und Lamboc → Seite 117

Archipelagus → Seite 117

gen nach

verschlossenen Gitter meines Kerkers, dass ich doch so bald meine Begrenzung gefunden. Das merkwürdige, zum Verständnis der Erde und ihres sonnengewirkten Kleides, der Pflanzen und Tierwelt, so wesentlich notwendige Neuholland, und die Südsee mit ihren Zoophyten-Inseln, waren mir untersagt, und so war, im Ursprunge schon, alles, was ich sammeln und erbauen sollte, bloßes Fragment zu bleiben verdammt. – O mein *Adelbert*, was ist es doch um die Bemühungen der Menschen!

Neuholland Australien

Zoophyten-Inseln → Seite 117

Fragment Bruchstück

was ist es doch um wie begrenzt sind doch

Oft habe ich im strengsten Winter der südlichen Halbkugel vom Cap Horn aus jene zweihundert Schritte, die mich etwa vom Land van Diemen und Neuholland trennten, selbst unbekümmert um die Rückkehr, und sollte sich dieses schlechte Land über mich, wie der Deckel meines Sarges, schließen, über den Polargletscher westwärts zurückzulegen versucht, habe über Treibeis mit törichter Wagnis verzweiflungsvolle Schritte getan, der Kälte und dem Meere Trotz geboten. Umsonst, noch bin ich auf Neuholland nicht gewesen – ich kam dann jedes Mal auf Lamboc zurück und setzte mich auf seine äußerste Spitze nieder, und weinte wieder, das Gesicht gen Süden und Osten gewendet, wie am fest verschlossenen Gitter meines Kerkers.

Land van Diemen → Seite 118

Ich riss mich endlich von dieser Stelle und trat mit traurigem Herzen wieder in das innere Asien, ich durchschweifte es fürder, die Morgendämmerung nach Westen verfolgend, und kam noch in der Nacht in die Thebais zu meinem vorbestimmten Hause, das ich in den gestrigen Nachmittagsstunden berührt hatte.

riss mich riss mich … los

Thebais → Seite 118

Sobald ich etwas ausgeruht, und es Tag über Europa war, ließ ich meine erste Sorge sein, alles anzuschaffen, was ich bedurfte. – Zuvörderst Hemmschuhe, denn ich hatte erfahren, wie unbequem es sei, seinen Schritt nicht anders verkürzen zu können, um nahe Gegenstände gemächlich zu unter-

Zuvörderst Vor allem

suchen, als indem man die Stiefel auszieht. Ein Paar Pantoffeln übergezogen, hatten völlig die Wirkung, die ich mir davon versprach, und späterhin trug ich sogar deren immer zwei Paar bei mir, weil ich öfter welche von den Füßen warf, ohne Zeit zu haben, sie aufzuheben, wann Löwen, Menschen oder Hyänen mich beim Botanisieren aufschreckten. Meine sehr gute Uhr war auf die kurze Dauer meiner Gänge ein vortreffliches Chronometer. Ich brauchte noch außerdem einen Sextant, einige physikalische Instrumente und Bücher.

Ich machte, dieses alles herbeizuschaffen, etliche bange Gänge nach London und Paris, die ein mir günstiger Nebel eben beschattete. Als der Rest meines Zaubergoldes erschöpft war, bracht' ich leicht zu findendes afrikanisches Elfenbein als Bezahlung herbei, wobei ich freilich die kleinsten Zähne, die meine Kräfte nicht überstiegen, auswählen musste. Ich ward bald mit allem versehen und ausgerüstet, und ich fing sogleich als privatisierender Gelehrter meine neue Lebensweise an.

Ich streifte auf der Erde umher, bald ihre Höhen, bald die Temperatur ihrer Quellen und die der Luft messend, bald Tiere beobachtend, bald Gewächse untersuchend; ich eilte von dem Äquator nach dem Pole, von der einen Welt nach der andern; Erfahrungen mit Erfahrungen vergleichend. Die Eier der afrikanischen Strauße oder der nördlichen Seevögel, und Früchte, besonders der Tropen-Palmen und Bananen, waren meine gewöhnlichste Nahrung. Für mangelndes Glück hatt' ich als Surrogat die Nicotiana, und für menschliche Teilnahme und Bande die Liebe eines treuen Pudels, der mir meine Höhle in der Thebais bewachte, und wann ich mit neuen Schätzen beladen zu ihm zurückkehrte, freudig an mich sprang, und es mich doch menschlich empfinden ließ, dass ich nicht allein auf der Erde sei. Noch sollte mich ein Abenteuer unter die Menschen zurückführen.

wann wenn

Botanisieren Sammeln von Pflanzen zu Studienzwecken

Chronometer → Seite 118

Sextant → Seite 118

bange angstvolle

Zähne Stoßzähne (von Elefanten)

versehen versorgt

Surrogat Ersatz

die Nicotiana den Tabak → Seite 118

wann wenn

an mich sprang an mir hochsprang

XI

Als ich einst auf Nordlands Küsten, meine Stiefel gehemmt, Flechten und Algen sammelte, trat mir unversehens um die Ecke eines Felsens ein Eisbär entgegen. Ich wollte, nach weggeworfenen Pantoffeln, auf eine gegenüberliegende Insel treten, zu der mir ein dazwischen aus den Wellen hervorragender nackter Felsen den Übergang bahnte. Ich trat mit dem einen Fuß auf den Felsen fest auf, und stürzte auf der andern Seite in das Meer, weil mir unbemerkt der Pantoffel am anderen Fuß haften geblieben war.

Nordland Region im heutigen Norwegen

Flechten symbiotische Lebensgemeinschaften zwischen Pilz- und Algenarten

Die große Kälte ergriff mich, ich rettete mit Mühe mein Leben aus dieser Gefahr; sobald ich Land hielt, lief ich, so schnell ich konnte, nach der Libyschen Wüste, um mich da an der Sonne zu trocknen. Wie ich ihr aber ausgesetzt war, brannte sie mir so heiß auf den Kopf, dass ich sehr krank wieder nach Norden taumelte. Ich suchte durch heftige Bewegung mir Erleichterung zu verschaffen, und lief mit unsichern raschen Schritten von Westen nach Osten und von Osten nach Westen. Ich befand mich bald in dem Tag und bald in der Nacht; bald im Sommer und bald in der Winterkälte.

hielt unter den Füßen hatte

Ich weiß nicht, wie lange ich mich so auf der Erde herumtaumelte. Ein brennendes Fieber glühte durch meine Adern, ich fühlte mit großer Angst die Besinnung mich verlassen. Noch wollte das Unglück, dass ich bei so unvorsichtigem Laufen jemanden auf den Fuß trat. Ich mochte ihm wehgetan haben; ich erhielt einen starken Stoß, und ich fiel hin. –

Noch Noch dazu

Als ich zuerst zum Bewusstsein zurückkehrte, lag ich gemächlich in einem guten Bette, das unter vielen andern Betten in einem geräumigen und schönen Saale stand. Es saß mir jemand zu Häupten; es gingen Menschen durch den Saal von einem Bette zum andern. Sie kamen vor das meine und unterhielten sich von mir. Sie nannten mich aber *Numero*

zuerst wieder

gemächlich bequem

mir … zu Häupten hinter mir, am Kopfende des Bettes

von mir über mich

Zwölf, und an der Wand zu meinen Füßen stand doch ganz gewiss, es war keine Täuschung, ich konnte es deutlich lesen, auf schwarzer Marmortafel mit großen goldenen Buchstaben mein Name

PETER SCHLEMIHL

ganz richtig geschrieben. Auf der Tafel standen noch unter meinem Namen zwei Reihen Buchstaben, ich war aber zu schwach, um sie zusammenzubringen, ich machte die Augen wieder zu. –

Ich hörte etwas, worin von *Peter Schlemihl* die Rede war, laut und vernehmlich ablesen, ich konnte aber den Sinn nicht fassen; ich sah einen freundlichen Mann und eine sehr schöne Frau in schwarzer Kleidung vor meinem Bette erscheinen. Die Gestalten waren mir nicht fremd und ich konnte sie nicht erkennen.

Es verging einige Zeit, und ich kam wieder zu Kräften. Ich hieß *Numero Zwölf*, und *Numero Zwölf* galt seines langen Bartes wegen für einen Juden, darum er aber nicht minder sorgfältig gepflegt wurde. Dass er keinen Schatten hatte, schien unbemerkt geblieben zu sein. Meine Stiefel befanden sich, wie man mich versicherte, nebst allem, was man bei mir gefunden, als ich hieher gebracht worden, in gutem und sicherm Gewahrsam, um mir nach meiner Genesung wieder zugestellt zu werden. Der Ort, worin ich krank lag, hieß das SCHLEMIHLIUM; was täglich von *Peter Schlemihl* abgelesen wurde, war eine Ermahnung für denselben, als den Urheber und Wohltäter dieser Stiftung zu beten. Der freundliche Mann, den ich an meinem Bette gesehen hatte, war *Bendel*, die schöne Frau war *Mina*.

Ich genas unerkannt im *Schlemihlio*, und erfuhr noch mehr, ich war in *Bendels* Vaterstadt, wo er aus dem Überrest

konnte sie konnte sie doch, konnte sie dennoch

galt ... für wurde ... für ... gehalten

darum weswegen

mich mir

SCHLEMIHLIUM → Seite 119

von Peter Schlemihl abgelesen vermutlich: den Patienten über Peter Schlemihl mitgeteilt

Hospitium (lat.) Hospital, Krankenhaus

unglücklicher zu Ungunsten des Angeklagten verlaufener

ihr mehrstes den größten Teil ihres

übte Werke widmete sich Werken

bösen von Krankheitserregern erfüllten

in mir selber erwacht bin zu mir selbst gefunden habe

Gaukelspiel Blendwerk

das Zutrauen die Zuversicht, die feste Hoffnung

meines sonst nicht gesegneten Goldes dieses Hospitium, wo Unglückliche mich segneten, unter meinem Namen gestiftet hatte, und er führte über dasselbe die Aufsicht. *Mina* war Witwe, ein unglücklicher Kriminal-Prozess hatte dem Herrn *Rascal* das Leben und ihr selbst ihr mehrstes Vermögen gekostet. Ihre Eltern waren nicht mehr. Sie lebte hier als eine gottesfürchtige Witwe, und übte Werke der Barmherzigkeit. –

Sie unterhielt sich einst am Bette Numero Zwölf mit dem Herrn *Bendel*: »Warum, edle Frau, wollen Sie sich so oft der bösen Luft, die hier herrscht, aussetzen? Sollte denn das Schicksal mit Ihnen so hart sein, dass Sie zu sterben begehrten?« – »Nein, Herr *Bendel*, seit ich meinen langen Traum ausgeträumt habe, und in mir selber erwacht bin, geht es mir wohl, seitdem wünsche ich nicht mehr und fürchte nicht mehr den Tod. Seitdem denke ich heiter an Vergangenheit und Zukunft. Ist es nicht auch mit stillem innerlichen Glück, dass Sie jetzt auf so gottselige Weise Ihrem Herrn und Freunde dienen?« – »Sei Gott gedankt, ja, edle Frau. Es ist uns doch wundersam ergangen, wir haben viel Wohl und bittres Weh unbedachtsam aus dem vollen Becher geschlürft. Nun ist er leer; nun möchte einer meinen, das sei alles nur die Probe gewesen, und, mit kluger Einsicht gerüstet, den wirklichen Anfang erwarten. Ein anderer ist nun der wirkliche Anfang, und man wünscht das erste Gaukelspiel nicht zurück, und ist dennoch im Ganzen froh, es, wie es war, gelebt zu haben. Auch find ich in mir das Zutrauen, dass es nun unserm alten Freund besser ergehen muss, als damals.« – »Auch in mir«, erwiderte die schöne Witwe, und sie gingen an mir vorüber.

Dieses Gespräch hatte einen tiefen Eindruck in mir zurückgelassen; aber ich zweifelte im Geiste, ob ich mich zu erkennen geben oder unerkannt von dannen gehen sollte. –

Ich entschied mich. Ich ließ mir Papier und Bleistift geben, und schrieb die Worte:

»Auch Eurem alten Freunde ergeht es nun besser als damals, und büßet er, so ist es Buße der Versöhnung.«

Hierauf begehrte ich mich anzuziehen, da ich mich stärker befände. Man holte den Schlüssel zu dem kleinen Schrank, der neben meinem Bette stand, herbei. Ich fand alles, was mir gehörte, darin. Ich legte meine Kleider an, hing meine botanische Kapsel, worin ich mit Freuden meine nordischen Flechten wiederfand, über meine schwarze Kurtka um, zog meine Stiefel an, legte den geschriebenen Zettel auf mein Bett, und sowie die Tür aufging, war ich schon weit auf dem Wege nach der Thebais.

stärker befände wieder kräftiger fühle

botanische Kapsel (siehe die Seiten 10, 102 und 103)

Wie ich längs der syrischen Küste den Weg, auf dem ich mich zum letzten Mal vom Hause entfernt hatte, zurücklegte, sah ich mir meinen armen Figaro entgegenkommen. Dieser vortreffliche Pudel schien seinem Herrn, den er lange zu Hause erwartet haben mochte, auf die Spur nachgehen zu wollen. Ich stand still, und rief ihm zu. Er sprang bellend an mich mit tausend rührenden Äußerungen seiner unschuldigen ausgelassenen Freude. Ich nahm ihn unter den Arm, denn freilich konnte er mir nicht folgen, und brachte ihn mit mir wieder nach Hause.

meinen armen Figaro → Seite 119

auf die Spur auf der Spur

Ich fand dort alles in der alten Ordnung, und kehrte nach und nach, sowie ich wieder Kräfte bekam, zu meinen vormaligen Beschäftigungen und zu meiner alten Lebensweise zurück. Nur dass ich mich ein ganzes Jahr hindurch der mir ganz unzuträglichen Polarkälte enthielt. –

Und so, mein lieber *Chamisso*, leb ich noch heute. Meine Stiefel nutzen sich nicht ab, wie das sehr gelehrte Werk des berühmten *Tieckius, »De rebus gestis Pollicilli«*, es mich anfangs befürchten lassen. Ihre Kraft bleibt ungebrochen; nur meine Kraft geht dahin, doch hab ich den Trost, sie an einen

das sehr gelehrte Werk des berühmten Tieckius, »De rebus gestis Pollicilli« → Seite 120

Zweck in fortgesetzter Richtung und nicht fruchtlos verwendet zu haben. Ich habe, so weit meine Stiefel gereicht, die Erde, ihre Gestaltung, ihre Höhen, ihre Temperatur, ihre Atmosphäre in ihrem Wechsel, die Erscheinungen ihrer magnetischen Kraft, das Leben auf ihr, besonders im Pflanzenreiche, gründlicher kennengelernt, als vor mir irgendein Mensch. Ich habe die Tatsachen mit möglichster Genauigkeit in klarer Ordnung aufgestellt in mehrern Werken, meine Folgerungen und Ansichten flüchtig in einigen Abhandlungen niedergelegt. – Ich habe die Geographie vom Innern von Afrika und von den nördlichen Polarländern, vom Innern von Asien und von seinen östlichen Küsten, festgesetzt. Meine *»Historia stirpium plantarum utriusque orbis«* steht da als ein großes Fragment der *»Flora universalis terrae«*, und als ein Glied meines *»Systema naturae«*. Ich glaube darin nicht bloß die Zahl der bekannten *Species* müßig um mehr als ein Drittel vermehrt zu haben, sondern auch etwas für das natürliche System und für die Geographie der Pflanzen getan zu haben. Ich arbeite jetzt fleißig an meiner Fauna. Ich werde Sorge tragen, dass vor meinem Tode meine Manuskripte bei der Berliner Universität niedergelegt werden.

Und Dich, mein lieber *Chamisso*, hab ich zum Bewahrer meiner wundersamen Geschichte erkoren, auf dass sie vielleicht, wenn ich von der Erde verschwunden bin, manchem seiner Bewohner zur nützlichen Lehre gereichen könne. Du aber, mein Freund, willst Du unter den Menschen leben, so lerne verehren zuvörderst den Schatten, sodann das Geld. Willst Du nur Dir und Deinem bessern Selbst leben, o so brauchst Du keinen Rat.

Explicit.

---

festgesetzt erforscht und dokumentiert

»Historia stirpium plantarum utriusque orbis« → Seite 120

»Flora universalis terrae« → Seite 120

»Systema naturae« → Seite 120

Species Arten

müßig → Seite 121

das natürliche System → Seite 121

meiner Fauna meinem Werk über die Tierwelt

Berliner Universität → Seite 121

seiner ihrer (der Erde)

zuvörderst (siehe Seite 72)

Willst Du nur Dir und Deinem bessern Selbst leben Geht es dir nicht um Geselligkeit und Wohlleben, sondern um ein sinnvolles Dasein

Explicit → Seite 121

[Gedicht Chamissos, das als Vorwort
zur dritten Auflage der Erzählung erschien:
Nürnberg, bei Johann Leonhard Schrag, 1835]

An
meinen alten Freund Peter Schlemihl.

Da fällt nun deine Schrift nach vielen Jahren
Mir wieder in die Hand, und – wundersam! –
Der Zeit gedenk ich, wo wir Freunde waren,
Als erst die Welt uns in die Schule nahm.
Ich bin ein alter Mann in grauen Haaren,
Ich überwinde schon die falsche Scham,
Ich will mich deinen Freund wie eh'mals nennen
Und mich als solchen vor der Welt bekennen.

erst erstmals, zuerst

Mein armer, armer Freund, es hat der Schlaue
Mir nicht, wie dir, so übel mitgespielt;
Gestrebet hab ich und gehofft ins Blaue,
Und gar am Ende wenig nur erzielt;
Doch schwerlich wird berühmen sich der Graue,
Dass jemals er mich fest am Schatten hielt;
Den Schatten hab ich, der mir angeboren,
Ich habe meinen Schatten nie verloren.

Mich traf, obgleich unschuldig wie das Kind,
Der Hohn, den sie für deine Blöße hatten. –
Ob wir einander denn so ähnlich sind?! –
Sie schrien mir nach: Schlemihl, wo ist dein Schatten?
Und zeigt' ich den, so stellten sie sich blind
Und konnten gar zu lachen nicht ermatten.
Was hilft es denn! man trägt es in Geduld,
Und ist noch froh, fühlt man sich ohne Schuld.

deine Blöße deinen Verlust des Schattens, deine schattenlose Existenz

ermatten müde werden, aufhören

nach neunzehntausend Tagen nach 52 Lebensjahren, die Chamisso 1833 erreicht hatte

als Schatten sich verziehen als Verstorbene sich auf den Weg ins Totenreich machen

unserm Ziel dem eigenen Tod als unvermeidlichem Zielpunkt jedes Lebens

Ob Ganz gleich, ob

schalten schimpften (von ›schelten‹)

im Hafen in der literarischen Tradition fest verankertes Bild für den Tod als willkommenen Ruheort nach einem ›auf stürmischer See‹ verbrachten Leben

Und was ist denn der Schatten, möcht ich fragen,
Wie man so oft mich selber schon gefragt,
So überschwänglich hoch es anzuschlagen,
Wie sich die arge Welt es nicht versagt?
Das gibt sich schon nach neunzehntausend Tagen,
Die, Weisheit bringend, über uns getagt;
Die wir dem Schatten *Wesen* sonst verliehen,
Sehn Wesen jetzt als *Schatten* sich verziehen.

Wir geben uns die Hand darauf, Schlemihl,
Wir schreiten zu und lassen es beim Alten:
Wir kümmern uns um alle Welt nicht viel,
Es desto fester mit uns selbst zu halten:
Wir gleiten so schon näher unserm Ziel,
Ob jene lachten, ob die andern schalten;
Nach allen Stürmen wollen wir im Hafen
Doch ungestört gesunden Schlafes schlafen.

Berlin, August 1834.

Adelbert von Chamisso.

Illustration von George Cruikshank (1792–1878) mit Randzeichnungen von Peter Carl Geißler (1802–1872) zum »Peter Schlemihl« (vgl. Seite 122)

Illustration von George Cruikshank (1792–1878) mit Randzeichnungen von Peter Carl Geißler (1802–1872) zu »Peter Schlemihls wundersame Geschichte« (vgl. Seite 122)

Zur Textgestalt

Nachdem Napoleons »Grande Armée« im russischen Winter einen unbesiegbaren Gegner gefunden hatte und nun zunehmend desorganisiert und dezimiert nach Westen zurückflutete, wechselte Preußen zu Beginn des Jahres 1813 die Seiten und wurde aus einem widerwilligen Verbündeten Frankreichs (nach der preußischen Niederlage gegen Napoleon im Krieg von 1806/1807) zu einem Bündnispartner Russlands. Lange hatte sich der wenig entschlusskräftige preußische König Friedrich Wilhelm III. gegen diesen aus Sicht seiner meisten politischen Berater längst überfälligen Schritt gesträubt. Er fürchtete, sich gegen Napoleon zu wenden, sei für seinen durch den Frieden von Tilsit (Juli 1807) auf den Status einer europäischen Mittelmacht zurückgestuften und durch die Kriegsfolgen wirtschaftlich schwer angeschlagenen Staat ein unkalkulierbares Risiko. Nun aber, Mitte März 1813, rief er von Breslau aus in dem Aufruf »An mein Volk« zu den Waffen und gab so für alle Preußen das Startsignal zu den sogenannten Befreiungskriegen.

Chamisso, der als gebürtiger Franzose in Deutschland lebte und 1798 bis 1808 der preußischen Armee angehört hatte, stand damals vor einer schwierigen persönlichen Entscheidung. In einem undatierten, wohl im Frühsommer 1814 entstandenen Fragment eines Briefs an den Freund und ehemaligen Regimentskameraden Louis de la Foye heißt es dazu im Rückblick: »Wie der Ruf an die Freiwilligen erscholl, ward ich in mir sehr zerrissen und gar nicht einig, was mir zu tun sei. Es nicht länger ertragend, hatte ich wirklich schon an den König geschrieben [...]; ich begehrte bloß den Schießprügel zu ergreifen. Ich zeigte Hitzig [vgl. S. 90–93 dieses Bands], meinem ordentlichen Beichtvater, den schon fertigen Brief. Er ergrimmte sehr und tadelte mich strenge. Der Brief ward nicht abgeschickt. Nun konnte ich aber auch nicht durch unsere verödeten Hallen, wo alles Tüchtige freudig ausgezogen war, mich einsam schleppen; Hitzig sagte mir: ›Du musst verreisen‹. Nun fand sich eben zu der Zeit, dass ein reicher Edelmann, der Lust an der Botanik und [...] hier im schönen Oderbruch Pflanzungen amerikanischer Bäume, einen botanischen Garten, ein Herbarium, eine Bibliothek und mehrere Millionen Güter besitzt, sich nach einem jungen Gelehrten umsah, der die Hand an dieses alles den Sommer über legte. Ich ward hie[rher]befördert, [...] zu dem Herren von Itzenplitz. Ich widmete da in freundlicher Umgebung [...] meinen Sommer ausschließlich der Botanik und es ward mir so wohl, als mir immer nur sein konnte. Einige Klotzigkeiten des Reichtums, die mir nicht entgingen, wurden mir lächerlicher als drückend. [...] Sonst sehr gute Leute; nur ist es ganz ein Haus der Prosa: aber die Poesie und die Fabel [die erfundenen Geschichten] habe ich ohnedem bis über die Ohren satt. Da fiel es mir dennoch ein, [...] eine Fabel zu schreiben und ich kriegte es lustig genug zu Stande. Es sollte nur einen Brief an Hitzig und Fouqué [zu Fouqué vgl. die Seiten 89f. dieses Bands] vorstellen und dabei sein Bewenden haben. Fouqué will es aber gedruckt wissen und zwar gibt er es selbst heraus.« (Zitiert nach: Dagmar Walach: Adelbert von Chamisso: Peter Schlemihls wundersame Geschichte. Erläuterungen und Dokumente. Stuttgart: Reclam Verlag 1982, durchgesehene und bibliographisch ergänzte Ausgabe 2003, S. 45f.; im Folgenden zitiert als: ED).

Dass Chamisso gegenüber La Foye behauptete, er habe das kleine Werk ganz ohne die Absicht einer späteren Veröffentlichung verfasst und lediglich dem Drängen Fouqués nachgegeben, der es unbedingt gedruckt sehen wolle, entsprach nicht ganz den Tatsachen, wie ein Brief zeigt, den er im August 1813, als er an der Erzählung arbeitete, aus Kunersdorf, dem Schloss und Gutsbesitz der Familie Itzenplitz, an Hitzig schrieb. Darin heißt es: »Vom dritten Kapitel ist das erst der Anfang, das und das Folgende sind mir sehr beschwerlich – [...] nachher soll es wohl ziemlich lange wie geschmiert gehen. 8 bis 10, höchstens 12 solche Kapitelchen – – wie viel macht das?« Hitzig, der sich als Verleger in solchen Dingen auskannte, sollte ihm mitteilen, wie viele Druckseiten ein Manuskript mit dem angedeuteten Umfang füllen würde. Die jeweils neu entstandenen Abschnitte schickte Chamisso – und zwar, erstaunlich sorglos, offenbar im Original, ohne vorher Abschriften zu nehmen – an Hitzig, um von ihm und seiner Frau zu erfahren, ob es sich lohne, die Sache fortzusetzen: »Lies das Deiner Frau vor, heute Abend, wenn Du Zeit hast; wenn sie neugierig wird zu erfahren, wie es Schlemihl weiter ergangen, und besonders, wer der Mann im grauen Kleide war, so schick mir gleich morgen das Heft wieder, auf dass ich daran schreibe – wo nicht, so weiß ich schon, was die Glocke geschlagen hat, – ich habe hier niemand, mit dem ich Vorlesungen vornehmen könnte. – Autoren sind doch ein tolles [verrücktes] Volk, ich bin froh, dass ich keiner bin. – Lebe wohl, Ede, und Gott erhalte Dich und Deinen Schlagschatten Frau, Kindern und Freunden! Amen.« (Zitiert nach: ED, S. 48)

In einem in der ersten Septemberhälfte geschriebenen Brief informierte Chamisso Hitzig, er habe den Helden seiner Geschichte, der zuvor »A. W. Schlemihl« geheißen hatte, in »Peter Schlemihl« umbenannt, denn August Wilhelm Schlegel habe »wirklich mit dem unschuldigen Jungen nichts gemein, dem ich vielmehr in dem Leib stecke«. Er wolle, Hitzig zuliebe, die Geschichte weiter voranbringen, doch fehle ihm bereits etwas »die Laune – ich fürchte, dass das Komische erlischt und das Weinerliche zu sehr aufkomme; – denn er besteht doch und soll bestehen aus a+b, Ideal und Karikatur, das tragische und komische Element.« Ende September wurde das vierte Kapitel fertig: »Ich kritzle immer an meinem Schlagschatten, und wenn ich's Dir gestehen muss, lache und fürchte ich mich manchmal darüber, so wie ich daran schreibe – wenn die andern nur für mich nicht darüber gähnen. – Mein viel gefürchtetes viertes Kapitel hab ich mir nach vielem Kauen gestern aus einem Stücke, wie eine Offenbarung, aus der Seele geschnitten und heute abgeschrieben« (was wohl als ›überarbeitet, korrigiert‹ zu verstehen ist; zitiert nach: ED, S. 48 f.).

Anschließend scheint die Niederschrift zügiger vonstatten gegangen zu sein, sodass das fertige Werk noch im Herbst 1813 in die Hände der Freunde (Hitzig und Fouqué) gelangte. Das Buch sollte in Hitzigs

Verlag erscheinen, wozu es aber nicht kam, weil dieser sich 1814 entschloss, das Unternehmen zu verkaufen und wieder als Jurist in den Staatsdienst zurückzukehren. Daraufhin vermittelte Fouqué die Erzählung an den Nürnberger Verleger Johann Leonhard Schrag, dem er auch bereits eigene Werke anvertraut hatte. Schrag brachte den Titel im Herbst 1814 heraus. Die Verfasserangabe lautete: »mitgeteilt von Adelbert von Chamisso und herausgegeben von Friedrich de la Motte Fouqué« (vgl. hierzu auch die Seiten 6, 94f. und 104).

Über die Entstehung seines bekanntesten Werkes hat sich Chamisso viel später, am 11. April 1829, noch einmal in einem Brief an den in St. Petersburg lebenden deutschen Arzt, Botaniker und Schriftsteller Carl Bernhard von Trinius (1778–1844) – der seit 1824 Lehrer und Leibarzt des späteren Zaren Alexander II. war – geäußert: »Ich will mit der Poesie selten etwas; wenn eine Anekdote, ein Wort, ein Bild mich [...] bewegt, denk ich es müsse andern auch so ergehn, und nun ringe ich mühsam mit der Sprache, bis es herauskommt. [...] Der Schlemihl ist auch nicht anders entstanden. Ich hatte auf einer Reise Hut, Mantelsack, Handschuhe, Schnupftuch und mein ganzes bewegliches Gut verloren; Fouqué fragte: ob ich nicht auch meinen Schatten verloren habe? und wir malten uns das Unglück aus. Ein andermal ward in einem Buch von Lafontaine« – August Heinrich Lafontaine (1758–1831) fand mit seinen Unterhaltungsromanen um 1800 eine große Leserschaft – »(den Titel hab ich nicht erfahren) geblättert, wo ein sehr gefälliger Mann in einer Gesellschaft allerlei aus der Tasche zog, was eben gefordert wurde – ich meinte, wenn man dem Kerl ein gut Wort gebe, zöge er noch Pferd' und Wagen aus der Tasche. Nun war der Schlemihl fertig, und wie ich einmal auf dem Lande Langeweile und Muße genug hatte, fing ich an zu schreiben. [...] Aber mein Zweck war« lediglich, »Hitzigs Frau und Kinder, die ich als mein Publikum mir vorgestellt hatte, zu amüsieren [...].« (Zitiert nach: ED, S. 53f.) Auch dieses Selbstzeugnis belegt Chamissos Tendenz, dem Werk – jedenfalls anderen gegenüber – nicht allzu großes Gewicht beizumessen. Ob die Auskünfte des Autors, wie er zu zwei Hauptmotiven seiner Erzählung gekommen sei, der Wahrheit entsprechen oder ob sie – angesichts dieses sehr persönlichen, viel eigenes Lebensmaterial verarbeitenden Werkes – eher als anekdotische Verschleierungen des inneren Gestaltungsprozesses aufzufassen sind, lässt sich nicht mit Sicherheit sagen.

Die vorliegende Ausgabe folgt dem Erstdruck der Erzählung in der Buchausgabe von 1814. Stellen, die den Verdacht nahelegen, es handle sich um Fehler des Setzers, wurden mit der letzten zu Chamissos Lebzeiten erschienenen Ausgabe und der von Oskar Walzel (1864 bis 1944) – in der Reihe »Deutsche National-Litteratur« der Stuttgarter Union Deutsche Verlagsgesellschaft – herausgegebenen ›Historisch kritischen Ausgabe‹ (ohne Jahr) verglichen; wenn diese Ausgaben eine einleuchtendere Textvariante bieten, wurde sie übernommen.

Die Rechtschreibung ist an den heutigen Stand angepasst. So wird, um einige Beispiele anzuführen, aus »seyn« »sein« (S. 9, Z. 24), aus »erschrack« »erschrak« (S. 16, Z. 5), aus »ächte« »echte« (S. 17, Z. 25), aus »Glücksseckel« »Glückssäckel« (S. 17, Z. 29), aus »trof« »troff« (S. 44, Z. 3), aus »nemlich« »nämlich« (S. 49, Z. 16f.), aus »loß« »los« (S. 62, Z. 12), aus »Solen« »Sohlen« (S. 68, Z. 16), aus »Heerden« »Herden« (S. 69, Z. 17), aus »Sylben« »Silben« (S. 69, Z. 28), aus »rafte« »raffte« (S. 70, Z. 26) und aus »ärnten« »ernten« (S. 70, Z. 27). Der Lautstand blieb jedoch unangetastet, wie es mittlerweile bei Neuausgaben älterer Werke üblich ist. So sind Formen wie »darnach« (S. 69, Z. 2), »hiezu« (S. 12, Z. 12), »hieher« (S. 47, Z. 17, und öfter), »dunkeln« (S. 13, Z. 12), »Euerm« (S. 17, Z. 6), »sauerm« (S. 21, Z. 1), »bittern« (S. 30, Z. 21), »teuern« (S. 50, Z. 15), »mehrern« (S. 78, Z. 8), »liebewertes« (S. 36, Z. 5), »dumpftes« (S. 44, Z. 3), »nervigten« (S. 47, Z. 31), »untadlichen« (S. 53, Z. 17), »regnichte« (S. 68, Z. 15), »hub« (statt »hob«, S. 23, Z. 27) oder »erhub« (statt »erhob«, S. 65, Z. 24), »frug« (statt »fragte«, S. 24, Z. 5, und öfter), »schwur« (statt »schwor«, S. 29, Z. 19), »spähete« (S. 50, Z. 12f.), »gesäet« (S. 55, Z. 10), »eilf« (S. 40, Z. 18) und »Redesarten« (S. 28, Z. 29) unverändert aus dem Originaltext übernommen worden. Korrigiert wurden hingegen »thörigter« (in: »törichter«, S. 72, Z. 16) und »Lybischen« (in: »Libyschen«, S. 74, Z. 14), da die Aussprache dieser Wörter in der seinerzeitigen und in der heutigen Orthographie sich vermutlich kaum unterscheidet.

Auch die Zeichensetzung wurde weitgehend beibehalten, um die vom Autor vorgenommenen Satzgliederungen sichtbar zu machen. Allerdings ist der Umgang mit Apostrophen behutsam vereinheitlicht.

Bei wörtlichen Reden, die innerhalb eines Satzes mit einem Satzzeichen enden, wurden, wie heute üblich, Kommata ergänzt (vgl. etwa S. 12, Z. 9, und S. 24, Z. 7). Vereinzelte Stellen, die heute grammatisch falsch wirken (wie »ein Paar alte Stiefeln«, S. 67, Z. 7f.), bleiben als Eigenheiten des damaligen Sprachgebrauchs gewahrt, zumal sie den Lesefluss nicht (oder kaum) behindern.

Im Original werden einzelne Wörter durch Kursivschrift oder durch Großschreibung hervorgehoben. Beide Formen der Hervorhebung wurden in die vorliegende Ausgabe übernommen (vgl. etwa S. 28, Z. 32, oder S. 31, Z. 5). Andere damals großgeschriebene Wörter, die heute kleingeschrieben werden, sind dagegen keine Hervorhebungen, wie sie zuweilen in neueren Ausgaben von Werken aus jener Zeit behandelt werden. Das gilt für »Alles«, »Alle«, »Jener«, »Keiner«, »Einer«, »Jemand«, »Niemand«, »die Anderen«, »Beide«, »Manche«, »Manches«, »Vieles«, »Etwas«, »Abends«, »Anfangs« oder »Stundenlang«, die daher alle in heutiger Rechtschreibung erscheinen. Die Schreibung von »paar/Paar« wurde damals gerade entgegengesetzt gehandhabt wie heute. Sie ist hier korrigiert, sodass aus »ein Paar Frauen« »ein paar Frauen« (S. 19, Z. 3) und aus »ein paar blaue Augen« »ein Paar blaue Augen« (S. 30, Z. 10f.) wird.

Eigennamen sind im Original fast durchweg kursiviert. Diese Besonderheit wurde übernommen und vereinheitlicht. Das Gleiche gilt für die Großschreibung von Pronomen (»Du«, »Dir«, »Euern«).

Erläuterungen

S. 4 Fouqué Friedrich de la Motte Fouqué (1777–1843) entstammte wie Chamisso einer nordfranzösischen hugenottischen Adelsfamilie. (Hugenotten nannte man die französischen, der Lehre des Schweizer Reformators Johannes Calvin folgenden Protestanten.) Die Fouqués waren jedoch, anders als die Chamissots, bereits um die Jahrhundertwende zum 18. Jahrhundert nach Preußen ausgewandert, wo sie sich als Soldaten bewährten. Fouqués Großvater war preußischer General und mit Friedrich II. (dem Großen) befreundet, der die Patenschaft des Enkels übernahm. Auch Fouqué trat, wie Chamisso, noch als Jugendlicher in die preußische Armee ein, strebte aber bald, wie Chamisso, wieder aus ihr fort, um seine schriftstellerischen Neigungen und Ambitionen zu verfolgen. Er heiratete Anfang 1803 in zweiter Ehe Caroline von Briest, verwitwete von Rochow, und wohnte fortan mit seiner Frau, die ebenfalls literarisch tätig war, auf dem Briest'schen Familienbesitz, Schloss Nennhausen im brandenburgischen Havelland, 70 Kilometer westlich von Berlin. In den Jahren vor und nach 1810 war er mit Ritterromanen und meist aus der Sagenwelt der nordischen Mythologie geschöpften Dramen sehr erfolgreich. Am populärsten wurde seine Erzählung »Undine«, die 1811 im Verlag seines Freundes Julius Eduard Hitzig (siehe unten) erschien und aus der E. T. A. Hoffmann eine sehr erfolgreiche Oper machte, die 1816 in Berlin uraufgeführt wurde. Seine Beliebtheit beim Publikum – die nach 1815 sehr zurückging, als er mit seinen Stoffen und Ansichten mehr und mehr wie aus der Zeit gefallen wirkte – nutzte Fouqué in großherziger Weise (wie überhaupt jedermann sein freundliches Wesen lobte), um seinen Freunden und Bekannten wie eben Chamisso oder auch dem jungen Eichendorff den Einstieg in die literarische Welt zu erleichtern. So war er auch gerne bereit, Chamissos erste (und einzige) Erzählung, die der Freund ihm und Hitzig im

Julius Eduard Hitzig (1780–1849). Zeichnung von Adolph Menzel (1815–1905)

Herbst 1813 zukommen ließ, zu ›promoten‹. Dies geschah durch das an den Autor gerichtete Gedicht, das dem Werk vorangestellt wurde (vgl. S. 4), und ein Vorwort, in dem Fouqué sich an Hitzig wendete und vorgab, das eigentlich nicht für den Druck bestimmte Werk auf eigene Verantwortung öffentlich machen zu wollen (vgl. S. 7 f.). Dieses Vorwort sowie die Widmung an Hitzig (vgl. S. 5) zeigen, dass die Erzählung eigentlich bei Hitzig erscheinen sollte. Dazu kam es aber nicht, weil dieser sich 1814 entschloss, seinen Verlag zu verkaufen. So brachte Fouqué das Buch bei dem Nürnberger Verleger Schrag unter, der gerade seinen dreibändigen Ritterroman »Der Zauberring« (vgl. S. 20 und 108) herausgebracht hatte.

S. 5 J. E. Hitzig Julius Eduard Hitzig stammte aus einer begüterten jüdischen Familie. Sein Großvater Daniel Jaffe, genannt Itzig (1723

Friedrich Baron de la Motte Fouqué (1777–1843), gestochen von Friedrich Fleischmann (1791–1834) nach Wilhelm Hensel (1794–1861), um 1818

bis 1799), war preußischer Hofbankier und Bergwerksunternehmer und hatte das Amt des Oberlandesältesten der preußischen Juden inne. Der Vater, Elias Daniel Itzig (1755–1818), der seinen Nachnamen 1808 in Hitzig änderte, war Lederfabrikant und Stadtrat in Potsdam. Julius Eduard kam 1780 in Berlin zur Welt. Seine Geburtsnamen Isaak Elias legte er 1799 ab, als er zum Protestantismus lutherischer Prägung konvertierte. Er studierte in Halle und Erlangen Jura und absolvierte ab 1799 die erste Station der damaligen berufspraktischen Ausbildung für Juristen als ›Auskultator‹ (›Zuhörer‹) bei der Regierung in Warschau. (Polen war 1796 in der sogenannten dritten polnischen Teilung zwischen den angrenzenden Großmächten Russland, Preußen und Österreich aufgeteilt worden.) 1801 kam er als Referendar an das berühmte Berliner

Kammergericht. In der Folgezeit knüpfte er zahlreiche Freundschaften innerhalb der literarischen Zirkel Berlins und wurde Mitglied des »Nordsternbundes«, einer von Karl August Varnhagen von Ense (geb. 1785) und Adelbert von Chamisso (geb. 1781) initiierten Gruppierung. Weitere Mitglieder der Gruppe waren etwa Varnhagens ältere Schwester Rosa Maria (geb. 1783), der angehende Arzt David Ferdinand Koreff (geb. 1783), der spätere evangelische Theologe Franz Theremin (geb. 1780) und Fouqué. 1804 kehrte Hitzig als Regierungsassessor nach Warschau zurück, wo er die Bekanntschaft des Juristen, Musikers, Komponisten, Zeichners und später sehr erfolgreichen Schriftstellers E. T. A. Hoffmann (1776–1822) machte, mit dem er enge Freundschaft schloss und dessen erster Biograf er wurde (»Aus Hoffmanns Leben und Nachlass«, 1823). Nach der preußischen Niederlage gegen Frankreich im Krieg von 1806/1807 und dem Frieden von Tilsit (Juli 1807), in dem Preußen weite Teile seines Staatsgebiets verlor und entsprechend auch seinen Beamtenapparat drastisch verkleinern musste, orientierte sich Hitzig vorübergehend beruflich neu und gründete, nachdem er bei Georg Andreas Reimer (1776–1842) – der die Werke vieler Autoren der romantischen Strömung verlegte – eine kurze Buchhändlerlehre absolviert hatte, 1808 einen eigenen Verlag, in dem beispielsweise 1810 die von Heinrich von Kleist (1777–1811) herausgegebenen »Berliner Abendblätter« erschienen. Als Chamisso 1813 seinen »Peter Schlemihl« schrieb, geschah das auch zur Unterhaltung von Hitzigs Familie, die die Erzählung abschnittweise kennenlernte, während sie entstand. Hitzig selbst wurde das fertige Werk von Chamisso zugeeignet. Es erschien dann aber nicht in seinem Verlag, sondern kam bei dem Nürnberger Verleger Schrag heraus, weil Hitzig sich nach dem Tod seiner Frau im Mai 1814 entschloss, seine berufliche Existenz als Verleger aufzugeben. Anfang 1815 – als der Wiener Kongress noch lief, in dem Preußen nach dem gemeinsam mit Russland errungenen Sieg über Napoleon in die Riege der europäischen Großmächte zurückkehrte – verkaufte er seinen Verlag an den Buchhändler und Verleger Ferdinand Dümmler (1777–1846) und trat als Kriminalrat wieder in den preußischen Staatsdienst ein. Dort machte er in den Folgejahren Karriere. Seine Beziehungen zur literarischen Welt blieben jedoch bis an sein Lebensende eng. Er trat selbst kaum als Dichter hervor, förderte aber durch sein Organisationstalent das literarische Leben Berlins und pflegte durch biografische Schriften und die Herausgabe von Briefwechseln das Andenken seiner vor ihm verstorbenen Freunde Hoffmann, Chamisso und Fouqué. Hitzig starb 1849 im Alter von 69 Jahren.

Wohlgeboren »von vorzüglichem Stande, von edler Geburt. [...] Jetzt gebraucht man das Wort nur noch als einen Titel, nicht allein von Personen aus dem niedern Adel, ungeachtet auch diese schon das Hochwohlgeboren bekommen, sondern auch von vorzüglichen Personen bürgerlichen Standes, wenn ihre Würden zunächst an den Adel grenzen. Im Abstracto Ew. Wohlgeboren. Ehedem war es ein Titel des hohen und selbst höchsten Adels.« (Johann Christoph Adelung: Grammatisch-kritisches Wörterbuch der Hochdeutschen Mundart, 1774–1786, 2. Auflage: 1793–1801)

S. 7 Vorwort vgl. die Erläuterungen zu Fouqué, dem Verfasser des Vorworts (S. 89 f.)

Freund Eduard Gemeint ist Julius Eduard Hitzig; vgl. die Erläuterungen zu Fouqué und zu Hitzig (S. 90–92)

Schlemihl In einem Brief vom 17. März 1821 an seinen Bruder Hippolyte, der zu dieser Zeit eine französische Ausgabe des »Peter Schlemihl« vorbereitete, hat Chamisso den Namen seiner Hauptfigur erläutert: »Schlemihl oder besser Schlemiel ist ein Hebräischer Name, und bedeutet Gottlieb, Theophil oder aimé de Dieu. Dies ist in der gewöhnlichen Sprache der Juden die Benennung von ungeschickten und unglücklichen Leuten, denen nichts in der Welt gelingt. Ein Schlemihl bricht sich den Finger in der Westentasche ab, er fällt auf den Rücken und bricht das Nasenbein, er kommt immer zur Unzeit. Schlemihl, dessen Name sprichwörtlich geworden, ist eine Person, von der der Talmud [eine der zentralen Schriften des

Judentums] folgende Geschichte erzählt: Er hatte Umgang [intime Beziehungen] mit der Frau eines Rabbi, lässt sich dabei ertappen und wird getötet. Die Erläuterung stellt das Unglück dieses Schlemihl ins Licht, der so teuer das, was jedem andern hingeht, bezahlen muss. Der Name ist beizubehalten« (zitiert nach: Dagmar Walach: Adelbert von Chamisso: Peter Schlemihls wundersame Geschichte. Erläuterungen und Dokumente. Stuttgart: Reclam Verlag 1982, durchgesehene und bibliographisch ergänzte Ausgabe 2003, S. 6; im Folgenden zitiert als: ED).

die heiße Wunde ..., die Dir ... der Tod geschlagen hat Hitzigs Frau Johanna, geborene Bartenstein, geschiedene Meyer, war im selben Jahr 1814, in dem Chamissos Erzählung erschien, am 22. Mai mit 32 Jahren gestorben. Hitzig und sie waren seit acht Jahren miteinander verheiratet. Aus dieser Ehe stammten drei Kinder, zwei Töchter und ein Sohn, die beim Tod der Mutter sieben, sechs und drei Jahre alt waren. Julius Eduard und Johanna hatten zudem eine Pflegetochter, Antonie Piaste, die beim Tod Johannas vierzehn war. Sie heiratete fünf Jahre später Chamisso, mit dem sie sieben Kinder hatte.

S. 8 Gott befohlen! »In der Sprache der Höflichkeit wird« das Wort ›befehlen‹ »oft für verlangen, belieben, Neigung zu etwas haben gebraucht.« Ein weitere Bedeutung ist: »Anvertrauen, eines Aufsicht, Schutz, Treue übergeben. Seine Seele Gott befehlen. [...] Befiehl dem Herren deine Wege. Gott befohlen! Dieser Gebrauch ist im Hochdeutschen größtenteils veraltet, und nur noch in der Schreibart der Gottesgelehrten üblich. Außerdem gebraucht man lieber empfehlen.« (Adelung: Grammatisch-kritisches Wörterbuch) Mit »somit Gott befohlen!« ist also wohl gemeint: »somit entlasse ich das Buch im Vertrauen auf den Schutz durch die himmlischen Mächte seinem öffentlichen Schicksal«.

S. 9 Du Diese Vorbemerkung des Autors Chamisso wendet sich ebenfalls an Julius Eduard Hitzig, wie die namentliche Anrede *»Eduard«* (Z. 6 und öfter) zeigt. Die drei Freunde Chamisso, Hitzig und Fouqué inszenierten in ihren der Erzählung vorangestellten Texten folgende (natürlich fiktive) Umstände von deren Veröffentlichung: Chamisso erhält von Peter Schlemihl (vgl. S. 10) dessen Lebensbeichte und teilt sie seinen Freunden Hitzig und Fouqué mit, weil er sie als ein anrührendes Dokument des menschlichen Daseins empfindet und weil Schlemihl nicht nur ein früherer Bekannter von ihm ist, sondern auch seine Freunde ihn seinerzeit kennengelernt haben. Zur Veröffentlichung erscheint ihm das Manuskript aber nicht geeignet, weil allzu offensichtlich sei, dass der Verfasser kein geübter Autor ist. (Daher auch die Bemerkung, Fouqué solle die Seiten nur mit den Augen des Freundes lesen, nicht mit dem kritischen Blick des professionellen Dichters.) Fouqué aber findet, was einmal in der Welt ist, kann vor den Augen der Welt auf die Dauer doch nicht verborgen gehalten werden, und so beschließt er, das Manuskript auf seine Verantwortung drucken zu lassen (vgl. 7). – Diese Fiktion wird allerdings durch das Gedicht (Fouqué an Chamisso, vgl. S. 4) und auch die Widmung (vgl. S. 5) halbwegs wieder aufgebrochen. Ob das bewusst oder unabsichtlich geschah, ist nachträglich nicht mehr zu ermitteln.

in unserer grünen Zeit Die Freundschaft zwischen Chamisso, Hitzig und Fouqué stammte aus der Zeit des von Karl August Varnhagen und Chamisso 1803 ins Leben gerufenen »Nordsternbundes«, einer Gruppierung literarisch interessierter junger Leute, die einander am Rande der Vorlesungen »Über schöne Literatur und Kunst« kennengelernt hatten, die August Wilhelm Schlegel (1776–1845) damals in Berlin hielt. Die Formulierung »in unserer grünen Zeit« spielt auf die grünen Umschläge der drei Musenalmanache (jährlich erscheinende Bände mit vermischten Beiträgen, meist kurzen poetischen Texten) an, in denen Varnhagen und Chamisso die dichterischen Versuche der Gruppenmitglieder publizierten. Die (bei der literarischen Kritik nicht sehr erfolgreichen) Musenalmanache des Nordsternbundes erhielten daher den informellen Namen »Grüner Musenalmanach«. Ob als ironischer Nebensinn auch die Be-

deutung »damals, als wir noch grün hinter den Ohren [also naiv und unerfahren] waren« mitschwingt, ist ungewiss.
Karl August Varnhagen von Ense (1785–1858) hat an verschiedenen Stellen seiner »Denkwürdigkeiten des eignen Lebens« (»Denkwürdigkeiten und Vermischte Schriften«, 9 Bände, 1837–1859) über Chamisso berichtet. Die folgenden Auszüge zeichnen ein lebhaftes Bild Chamissos und vermitteln überdies einen Eindruck von der Atmosphäre der damaligen Zeit: »Neues Zuströmen erfolgte [...] durch die Bekanntschaft, die mir« 1803 »in Charlottenburg mit einem preußischen Offizier zu Teil wurde, der [...] ganz unvermutet sich mir als Dichter enthüllte, und zwar als einer von der seltsamsten Art, die großenteils schon darin begründet lag, dass dieser deutsche Dichter eigentlich ein Franzose war. Herr von Chamisso hatte als Knabe mit seinen Eltern die Heimat beim Ausbruche der Revolution verlassen, war als Emigrierter nach Berlin gekommen, hier bei der verwitweten Königin« – Friederike Luise von Preußen (1751–1805), der Witwe von König Friedrich Wilhelm II. (1744–1797) – »als Page und darauf als Offizier im Infanterie-Regiment von Goetze angestellt worden, und in diesem Verhältnisse geblieben, während seine Familie, gleich den meisten andern Emigrierten, denen es gestattet war, begierig das Vaterland wieder aufgesucht hatte. Den Franzosen konnte Chamisso in keinem Zuge verleugnen, Sprache, Bewusstsein, Sinnesart, Manieren und Wendungen, alles erinnerte an seine Herkunft, nur war sein ganzes Wesen dabei mit einer besondern, seinen Landsleuten sonst nicht grade eignen Ungeschicklichkeit behaftet, die doch vielfache Gewandtheiten und Fertigkeiten gar nicht ausschloss, sondern ihnen nur etwas Wunderliches zugesellte, woraus denn freilich allerlei hervorging, was er selbst oder andre als Unfall oder Übelstand zu tragen hatten. Seine langen Beine, die knappe Uniform, der Hut und Degen, der Zopf, der Stock und die Handschuhe, alles konnte ihm unvermutet Ärgernis machen; am meisten aber und sichtbarsten kämpfte er mit der Sprache, die er unter gewaltigen Anstrengungen mit ei-

ner Art von Meisterschaft und Geläufigkeit radebrechte [letztlich mehr schlecht als recht und fehlerhaft sprach], welches er auch in der Folge zum Teil mit Vorliebe beibehielt. Er hatte deutsche Lieder und Elegien [Gedichte schwermütigen Inhalts] gedichtet, sogar einen Faust in Jamben angefangen, und ich hörte mit Staunen und Bewunderung, was er davon mit seiner zerquetschenden Aussprache, in einer Türe stehend und den Durchgang hemmend, mir aus dem Gedächtnis hersagte. [...] Die deutsche Bildung und Sprache waren der Gegenstand seiner tiefsten Verehrung und Sehnsucht, und unsre Bestrebungen in diesem Gebiete arbeiteten seitdem in förderlichstem Verein [in fruchtbarster Gemeinschaft].« »Mit Chamisso knüpften sich die Bande stets fester; sein wunderliches Wesen machte ihn nicht für jedermann willkommen, und ich musste ihn oft verteidigen, besonders scheuten die jungen Frauenzimmer seine etwas derbe Anmut«. »Der Gedanke des Druckenlassens ging mir und Chamisso'n plötzlich auf, als wir am späten Abend allein im Garten wandelten, wir vereinigten uns auf der Stelle zu seiner gemeinsamen Ausführung, zu welcher die Herausgabe eines Musenalmanachs so bequem als anständig erschien. [...] Als wir aber unsre Vorräte näher untersuchten, fanden wir das Meiste wegen persönlicher Rücksichten kaum mitteilbar, und da wir nur das Beste liefern wollten, so fiel die Auswahl so klein aus, dass wir uns nach andern Zuschüssen umsehen mussten. Chamisso unternahm es auf Werbung auszugehen, und einige Freunde anzusprechen, von deren poetischen Liebhabereien er schon Kenntnis hatte. Allein, noch ehe wir selbst gedruckt waren, sahen wir uns gleich zuerst in Stolz und Macht des Richteramts versetzt, und mussten die ersten Beiträge, die uns angeboten wurden, des Druckes unwert erklären. Besser gelang es mit andern. Der damalige Referendarius beim Kammergericht, jetzige Kriminaldirektor Hitzig, übergab willkommene Übersetzungen aus dem Spanischen, Englischen und Italienischen, nebst ein paar eignen Stücken unter seinem Vornamen Eduard; Ludwig Robert, Bruder von Rahel Lewin,« – die seit

1790 einen ›literarischen Salon‹ unterhielt, von vielen als die geistreichste und unterhaltsamste Frau Berlins gerühmt wurde und 1814 den gut dreizehn Jahre jüngeren Varnhagen heiratete – »steuerte aus seinem Schatze reichlich bei, und ein Kandidat des Predigtamtes von der französischen Kolonie, Franz Theremin, beglückte uns mit einigen Blättern, denen er aber jede Andeutung seines Namens versagte. [...] Nun war ein leidliches Manuskript beisammen und geordnet, allein jetzt musste damit ein Durchbruch bei irgendeinem Verleger versucht werden, und hier zeigten sich große Schwierigkeiten. Chamissos und meine Bemühungen bei Buchhändlern die wir kannten oder nicht kannten, schlugen sämtlich fehl [...]. Endlich war nichts anders zu tun, wenn wir gedruckt sein wollten, als es auf unsre Kosten zu werden, und Hitzig schaffte [vermittelte uns] einen guten Mann in Leipzig, der seine Firma dazu hergab. Chamisso war es eigentlich, der mit seinem Geld das Unternehmen machte, und obgleich Neumann« – Varnhagens Freund Wilhelm Neumann (1781–1834), der ebenfalls dichtete – »und ich einen Teil der Exemplare ihm abkauften, wird er doch bei dem sonstigen geringen Absatz nicht ganz ohne Einbuße davongekommen sein. Genug, wir waren gedruckt, wir alle zum ersten Mal, und das war keine Kleinigkeit! / Von dem literarischen Werte dieser Jugendversuche kann gar keine Rede mehr sein; ganz unabhängig von diesem aber verknüpfte sich für uns Teilnehmer jedoch ein unendlicher Lebensgewinn mit diesem grünen Buche, wie es von der Farbe seines Umschlags fortan hieß. Unsre Freundschaft befestigte sich durch dieses gemeinsame Auftreten, neue schlossen sich zahlreich an, verwandtes Streben und empfänglicher Sinn nahmen, wenn auch nur im Stillen von uns Kunde, und in weiter Ferne und späten Jahren begegneten uns noch werte Wirkungen einer damals erregten günstigen Aufmerksamkeit.« »Bald kamen aber auch die öffentlichen Kritiken, einige Tagesblätter gaben uns ein mäßiges Lob, andre setzten uns tief hinab.« (Karl August Varnhagen von Ense: Werke in fünf Bänden. Herausgegeben von Konrad Feilchenfeldt. Band 1. Frankfurt am Main: Deutscher Klassiker Verlag 1987, S. 248f., 261, 272f. und 274)

durch die Sonette lief vielleicht: aufsuchte; oder auch: Gesellschaft leistete, als wir gerade damit beschäftigt waren, Sonette zu dichten (oder sie einander vorzutragen)

poetischen Tees vgl. die folgende Passage aus Varnhagens »Denkwürdigkeiten des eignen Lebens«: »Chamisso machte mich zuvörderst [vor allem, zuerst] mit den Poeten des Almanachs, die mir persönlich noch fremd waren, bekannt. Ich sah Hitzig und Robert, und endlich auch Theremin, der [...] mich besonders durch seine schöne, wohlklingende und edle Sprache einnahm. Was für Ideen wir austauschten, mit welchen Kenntnissen wir einander gegenseitig aushalfen, in was für Ansichten und Urteilen wir uns abwechselnd einigten und schieden, welche Entdeckungen uns aufgingen, das ließe sich für solche, die nicht Ähnliches erlebt haben, kaum darstellen. Weil jeder den Tag über seine Geschäfte hatte, so verlegten wir unsre Zusammenkünfte auf den späten Abend bis tief in die Nacht. Diese poetischen Tees des grünen Buches, wie wir sie nannten, weil dasselbe die Grundlage und Hauptbeziehung unsres Zusammenkommens blieb, nahmen ihren Anfang sehr einfach bei Hitzig, der vielen Raum hatte, und durch liebenswürdigen Sinn und geselligen Geist den anziehendsten Vereinigungspunkt bildete; und so gaben uns diese Zusammenkünfte durch innige Wärme der Freundschaft und durch geistige Erhebung ein reines Glück zu kosten [...]. Die späteren Tees, die dann abwechselnd auch bei Lippe, Robert und Theremin gehalten wurden, hatten schon die Einfachheit und Unschuld der ersten nicht mehr [...]. Auch hatte die Gesellschaft schnell zugenommen. Ein sinnvoller [vernünftiger] gutmütiger Stubengenosse und nachheriger Schwager Hitzigs, Adolph von Uthmann, und ein liebenswürdiger Schicksalsgefährte Chamissos, Graf von Lafoye, französischer Emigrierter und preußischer Offizier wie er, [...] brachten dem ursprünglichen Ton und Behagen keine Änderung. Unruhiger, verschiedenartiger, belebter und zerrissener wurden die Abende durch die Einführung Koreffs, eines jungen Arztes aus Breslau, der seine Studien in Berlin vollendete, und seine universelle Genialität auch in Gedichten, unerschöpflich aber in jeder Redeweise, in erhabenen, humoristischen und possenhaften Ausbrüchen an den Tag legte; mit ihm gleichzeitig wurde[n] auch der Buchhändler Georg Reimer, der Geheimrat Pistor [...] und darauf noch einige andre wirkliche oder angebliche Poesiefreunde zu unsern Versammlungen gezogen, wo nun die glänzendste Unterhaltung gepflegt wurde. In der Folge kehrte mehr Einfachheit und Innigkeit zurück, die Gesellschaft war kleiner, Koreff tiefer mit uns befreundet und gefühlvoll-ernst in seinen Mitteilungen; meistens trafen wir bei Chamisso auf der Wache zusammen, wenn er sie am Brandenburger oder Potsdamer Tore hatte, und zwischen den militärischen Unterbrechungen hin verwachten wir halbe und ganze Nächte in Gesprächen über Poesie oder Studien- und Lebensplane [...].« (Varnhagen: Werke in fünf Bänden. Band 1. Frankfurt am Main: Deutscher Klassiker Verlag 1987, S. 275–277)

Kurtka Eigentlich war Kurtka der Name des Uniformrocks der polnischen Soldaten in der Zeit der Napoleonischen Kriege. Besonders auffällig waren die kurzen Rockschöße der Kurtka. Ähnlich geschnittene Uniformröcke waren ein paar Jahre zuvor in der russischen Armee eingeführt worden. Als Zivilkleidung kam die Kurtka – als knapp knielanger, mit Pelz und Brustschnüren besetzter Herrenrock – in Preußen in den Jahren 1806 und 1807 in Mode, also nach der Niederlage gegen Frankreich, nach der sich der König mit seinem Hof in die weit im Osten gelegene Nebenresidenz Königsberg geflüchtet hatte. Komplettiert wurde die Kurtka-Mode durch eine polnische Mütze und ungarische Sporenstiefel. Chamisso blieb dieser Aufmachung zeitlebens treu.

S. 10 Jean Paul Jean Paul Friedrich Richter (1763–1825), der sich als Autor Jean Paul nannte, erwarb sich um 1800 mit seinen umfangreichen Romanen, die in einem unverwechselbaren humoristischen

Erzählton gehalten waren, eine große Anhängerschaft. Chamisso schätzte besonders die 1804 und 1805 in vier Bänden erschienenen »Flegeljahre«, über deren Hauptfiguren, die Brüder Walt und Vult, er Anfang 1806 an Wilhelm Neumann schrieb, sie hätten ihn »bis zur Schlaflosigkeit« ergötzt und gequält (zitiert nach: ED, S. 8).

mögen hier manche ... beachtet sein. Unter der Überschrift »Pierre Schlémihl. Paris, chez Ladvocat. 1822.« hat Varnhagen aus Anlass der ersten französischen Ausgabe der Erzählung für das französische Publikum einen einführenden Aufsatz verfasst, den er später – wie er versicherte, auf Chamissos Drängen hin, der ihm die kleine von ihm selbst vergessene Arbeit zur Wiederveröffentlichung zugesandt habe – in den fünften Band seiner »Denkwürdigkeiten und Vermischten Schriften« aufnahm (Leipzig: Brockhaus 1843, S. 338 bis 343). Dort heißt es: »Herrn Peter Schlemihl kennen wir alle; sein entsetzliches Unglück, die grausame Folge eines allzu schnellen Handels, hat unser aller innigste Teilnahme erweckt. [...] Unser Freund, Dr. Adelbert von Chamisso, hat es diesem Büchlein, das bekanntlich hier in der Mark [der Mark Brandenburg] und in gutem Deutsch geschrieben worden, nicht an örtlichen und persönlichen Lebensbeziehungen fehlen lassen, er hat Wahrheit darin verarbeitet; die Personen, die hier vorkommen, haben wir zum Teil gekannt; in den Schilderungen entdecken sich täglich neue Züge und Winke, die auf das wirkliche Leben anspielen; die Reise um die Welt, die er selber nachher gemacht, die naturwissenschaftliche Tätigkeit, der er sich gewidmet, alles findet sich im Schlemihl angedeutet und vorbereitet; das Büchlein ist insofern zugleich historisch und prophetisch, rückwärts und vorwärts gekehrt, und große Schätze mögen im Laufe der Zeiten sich noch darin enthüllen. [...] Begünstigt durch persönliche Bekanntschaft mit dem Verfasser konnten wir in viele Geheimnisse dringen, die der gewöhnlichen Lesewelt verborgen bleiben.« (S. 339 und 341 f.)

ein wunderlicher Mann Nicht nur Varnhagens Schriften bezeugen, in welchem Ausmaß Freunde und Bekannte Chamissos in der Fi-

Hermann Kern (1838–1912):
»Der Botaniker« (1908).
Öl auf Leinwand.
47 × 31,5 cm

gur des Peter Schlemihl den Autor der Erzählung wiedererkannten. So schrieb der Botaniker Diederich Franz Leonhard von Schlechtendahl (1794–1866): »Eine alte schwarze Kurtka oder eine nicht minder alte, etwas verschossene [abgenutzte, abgetragene] und fleckige Sommerkleidung, bestehend aus runder Jacke und langen Beinkleidern aus demselben olivengrünen Zeuge [grobem, strapazierfähigem Stoff], [...] eine schwarze Mütze von Samt oder Tuch auf dem lockigen Haupte, eine mächtige grüne Kapsel an ledernem Riemen umgehängt, eine kurze Pfeife im Munde, ein schmuckloser Tabaksbeutel, irgendwo angehängt, [...] das war der Aufzug, in welchem er auszog« (Dietrich Franz Leonhard von Schlechtendahl: Dem Andenken an Adelbert von Chamisso als Botaniker: In: Linnaea, Band 13 [1839], S. 93–112, dort S. 95). Und Rosa Maria Assing

Adelbert von Chamisso (1781–1838) mit Pfeife. Stich nach einer Zeichnung von W. C. Weiß

(1783–1840), die ältere Schwester Varnhagens, die zeitweise eng mit Chamisso befreundet war, da sie seine naturkundlichen Interessen teilte, erinnerte sich: »Ich sah ihn in Hamburg, auch noch in den Tagen seiner Jugend, er trug eine elegante polnische Kurtka mit Schnüren besetzt, ging mit schwarzem natürlich herabhängendem Haar, mit einer leichten Mütze« (Adelbert von Chamisso und Rosa Maria. Mitgeteilt von Rosa-Maria. In: Der Freihafen. Galerie von Unterhaltungsbildern aus den Kreisen der Literatur, Gesellschaft und Wissenschaft. Herausgegeben von Theodor Mundt. Teil 2 [1839], Heft 1, S. 1–28, dort S. 1).

botanische Kapsel »Als Botanisiertrommel oder Botanisierbüchse bezeichnet man ein länglich-zylindrisches Blechgefäß (ca. 40 cm × 12 cm im Durchmesser), das meist an einem Riemen über der

Schulter getragen wurde und dem geschützten Transport unterwegs gesammelter Pflanzen diente. [...] Botanisiertrommeln waren am Anfang des 19. Jahrhunderts populär, kamen aber bereits Ende des 19. Jahrhunderts wieder aus der Mode.« (Wikipedia-Artikel »Botanisiertrommel«, Stand: Ende 2019)

Kunersdorf Auf Einladung des Grafen Peter Alexander von Itzenplitz (1768–1834) hielt sich Chamisso von Mai bis Oktober 1813 auf dem im Oderbruch gelegenen Schloss und Gutsbesitz Kunersdorf der Itzenplitz'schen Familie auf. Dort legte er ein Verzeichnis der Pflanzenwelt des Oderbruchs an, verfasste seine erste botanische Abhandlung (»Adnotationes quaedam ad Floram Berolinensem C. S. Kunthii«), die 1815 erschien, und schrieb den »Peter Schlemihl«.

eine Zeichnung ..., die der kunstreiche Leopold Der Porträtmaler, Zeichner und Verfertiger von künstlerischen Druckgrafiken (Radierungen und Lithographien) Franz Joseph Leopold (1783–1832) schuf – vielleicht auf Anregung Chamissos, aber das ist ungewiss – eine Zeichnung, die Peter Schlemihl bei der Übergabe seines zusammengerollten Manuskripts zeigt. Die handschriftliche Bildunterschrift lautet: »Peter Schlemiel [sic], wie er Sonnabend, den 26. September in Cunersdorf gesehen worden ist und nach dem Leben gezeichnet von Fr. Lpd.« Sieht man einmal von dem der Verfremdung dienenden Bart ab, hat der Künstler hier zweifellos Chamisso porträtiert. Die Abbildung – die in diesem Band auf Seite 6 zu finden ist – wurde als Titelkupfer in die erste und dritte Ausgabe der Erzählung aufgenommen und Chamisso schrieb darüber an den Verleger Schrag, sie gehöre »gewissermaßen zum Schlemihl« (Brief vom 27. Februar 1827, zitiert nach: ED, S. 10)

S. 11 Nordertor Auch wegen der Erwähnung dieses »Nordertors« ist die Forschung lange Zeit davon ausgegangen, Chamisso habe für den ersten Schauplatz seiner Erzählung die Hansestadt Hamburg, die er im Herbst 1807 kennengelernt hatte, vor Augen gestanden. Dagmar Walach hat jedoch inzwischen darauf hingewiesen, dass es in Hamburg nie ein Tor dieses Namens gegeben hat. Der Irrtum entstand wohl durch den Umstand, dass Chamisso weiter unten auch eine »Norderstraße« (Z. 21) erwähnt und dass es in Hamburg tatsächlich eine Norderstraße gibt, die jedoch wiederum erst in den Jahren 1858 bis 1862 angelegt wurde (vgl. ED, S. 14 f.).

S. 12 Rosenhain Der schon um 1800 im alltäglichen Gebrauch veraltete Ausdruck Hain für ein künstlich angelegtes und meist umzäuntes Wäldchen hielt sich in poetischen Texten, wo er auch heute noch vorkommen kann. Unter Rosenhain ist wohl ein vorwiegend mit Rosen bepflanzter Garten zu verstehen.

S. 13 Dollond ein von dem britischen Optiker und Teleskopbauer französischer Herkunft John Dollond (1706–1761) entwickeltes und nach ihm benanntes Fernrohr mit achromatischem Linsensystem, das ein gegenüber früheren Fernrohren farbreineres Bild lieferte

S. 17 wie ein Mühlrad im Kopfe herum vgl. die schnell sprichwörtlich gewordenen Verse des Schülers (im Gespräch mit Mephistopheles) in der Szene »Studierzimmer [II]« aus Goethes 1808 erschienenem »Faust«-Drama (»Faust. Eine Tragödie«): »Mir wird von alledem so dumm, / Als ging mir ein Mühlrad im Kopf herum.« (V. 1946 f.)

Schatten abzukaufen Mit dem Motiv vom verkauften bzw. verlorenen Schatten variierte Chamisso seine eigene frühere Gestaltung eines Teufelspakts im Fragment »Faust. Ein Versuch« (1803; Erstdruck unter dem Titel »Faust. Eine Tragödie in einem Akt. Ein Versuch« im 1803 in Leipzig erschienenen »Musenalmanach auf das Jahr 1804«). Dort ging es noch, wie in Goethes »Faust« (dessen Vorfassung »Faust. Ein Fragment« seit 1790 gedruckt vorlag), unmittelbar um die Seele. Der »böse Geist« bei Chamisso spricht: »So schwöre mir den Preis zu – deine Seele; / Und öffnen will ich dir der Wahrheit Schätze, / Und was der Mensch vermag, sollst du erkennen.« Von Elisabeth Hausmann stammt der Hinweis, dass der schwäbische Dichter Ludwig Uhland (1787–1862), der sich 1810 in Paris aufhielt und dabei auch mehrmals mit dem zu dieser Zeit ebenfalls in Paris anwesenden Chamisso zusammenkam, in der dortigen Bibliothek auf ein altes Manuskript eines Märchens »Vom verkauften Schatten« stieß. Das verrät Uhlands Tagebucheintrag vom 16. Juni 1810: »Auf der Bibliothek Abschrift des Märchens vom verkauften Schatten« (Elisabeth Hausmann: A Note on the Source of »Peter Schlemihl«. In: The Modern Language Review 37, 1943, Nr. 2, S. 134 f.). Chamisso könnte demnach die Idee, den Teufelspakt als Verkauf des Schattens zu gestalten, aus dieser Quelle bezogen haben.

Springwurzel ... Galgenmännlein Im Brief an den Bruder Hippolyte vom 17. März 1821 erläutert Chamisso die magischen Hilfsmittel, mit denen der Mann im grauen Rock Schlemihl zu ködern versucht: »Die *Springwurzel* öffnet alle Türen und sprengt alle Schlösser. [...] *Alraunwurzel* ist glaube ich die Mandragore«, also die Pflanze Mandragora officinarum, wie der lateinische Name lautet; sie diente zu verschiedenen Zeiten und in verschiedenen Kulturen unter anderem als Aphrodisiakum, also als Mittel zur Steigerung der sexuellen Potenz, als schmerzstillendes Mittel oder auch als halluzinogene Droge. »Die Erzählungen darüber«, so Chamisso, »sind sehr verschieden, es ist sehr schwierig, sie sich zu verschaffen, sie gibt ein besonderes Geschick, um sich Schätze zu verschaffen. *Wechsel-* oder Heck-*Pfennige* sind Kupfermünzen, die jedesmal, wenn man sie umdreht, ein Goldstück hervorbringen. *Raubtaler* ist ein Taler, der jedesmal zu seinem Herrn zurückkehrt und alle Geldstücke, die er berührt, mit zurückbringt. Das *Tellertuch*, ein Tischtuch, das sich mit allen Gerichten, die man verlangt, bedeckt. Das *Galgenmännlein* ist ein Teufel in einer Flasche, der alles tut, was man will und gibt was man verlangt. Man kauft ihn für Geld, man kann ihn aber nur für einen geringeren Preis, als man selbst gegeben, wieder verkaufen. Sein Recht ist, den letzten Besitzer, der ihn nicht mehr loswerden kann, da der Preis zu gering geworden, als sein Eigentum mitzunehmen« (zitiert nach: ED, S. 18).

Fortunati ... Glückssäckel Im ersten deutschsprachigen im Druck erschienenen Prosaroman, dem Volksbuch »Fortunatus« (1509), er-

Fortunatus erhält von der »junkfraw des glücks« (der Glücksfee) den Glückssäckel. Holzschnitt in der ersten Buchausgabe des »Fortunatus« von 1509

hält der Titelheld der Geschichte von der Schicksalsgöttin Fortuna einen Glückssäckel. Das ist ein Geldbeutel, der für seinen Besitzer einen unerschöpflichen Vorrat an Münzgeld bereithält, und zwar jeweils in der Währung des Landes, in dem er sich gerade befindet. Chamisso hatte den alten Volksbuch-Stoff bereits in seinem dramatischen Fragment »Fortunati Glückssäckel und Wunschhütlein. Ein Spiel« (1806) aufgegriffen. Mit dem Wunschhütlein gelangt der Besitzer im Nu an jeden von ihm gewünschten Ort.

S. 19 literarischen Straßenjugend Vermutlich ist die Stelle als Seitenhieb gegen die Rezensenten des von Varnhagen und Chamisso in den ersten Jahren ihrer Freundschaft herausgegebenen »grünen Musenalmanachs« gemeint, die sich mehrheitlich recht schroff und abfällig über die Qualität der Beiträge äußerten.

S. 20 Haller, Humboldt und Linné Der Schweizer Arzt, Dichter (bekannt wurde vor allem sein 1729 entstandenes Gedicht »Die Alpen«) und Naturforscher Albrecht von Haller (1708–1777) hatte zwischen 1736 und 1753 den Lehrstuhl für Anatomie, Botanik und Chirurgie an der Universität Göttingen inne. – Der in Berlin geborene deutsche Naturforscher Alexander von Humboldt (1769–1859), der jüngere Bruder Wilhelm von Humboldts (1767–1835), war durch seine große Forschungsreise der Jahre 1799 bis 1804, in der er zusammen mit dem Franzosen Aimé Bonpland (1773–1858) große Teile Südamerikas erkundete, eine internationale Berühmtheit geworden. Den wissenschaftlichen Ertrag der Reise dokumentierten die beiden Forscher in dem zwischen 1805 und 1839 in 30 Bänden in Paris erscheinenden Werk »Voyage aux régions équinoxiales du Nouveau Continent: fait en 1799, 1800, 1801, 1803 et 1804«. – Der schwedische Arzt und Naturforscher Carl von Linné (1707–1778), der an der Universität Uppsala lehrte, deren Rektor er später wurde, machte es sich zur Lebensaufgabe, alle bekannten Mineralien, Pflanzen und Tiere zu beschreiben, zu klassifizieren und zu bezeichnen. Das nach ihm benannte »Linnésche System« bildet noch heute die Grundlage der in der Botanik und Zoologie verwendeten Namen.

der »Zauberring« »Der Zauberring« ist ein 1811 entstandener und 1813 veröffentlichter Ritterroman des damals auf dem Höhepunkt seines Erfolgs stehenden Friedrich de la Motte Fouqué. Chamisso bezeichnete den Roman des Freundes in einem Brief an Louis de la Foye von Anfang 1819 als »ein vollendetes Werk« (zitiert nach ED, S. 21).

S. 21 Bendel Schlemihls treuen Diener benannte Chamisso nach seinem Burschen (zur Bedienung eines Offiziers abkommandierten Soldaten) während seiner Zeit als Leutnant in der preußischen Armee. An Varnhagen schrieb Chamisso am 7. September 1806, Bendel sei »ein sehr guter Kerl, – was er getan und gewollt, werde ich Euch einmal sagen, und Ihr sollt ihn ehren« (zitiert nach ED, S. 21).

S. 23 von wannen »ein im Hochdeutschen veraltetes Adverbium des relativen Ortes, für wo, woher, an oder von welchem Orte, im Gegensatze des ehemaligen dannen, den positiven Ort zu bezeichnen, für das daher. [...] Im Hochdeutschen ist es in dieser Gestalt längst veraltet, weil das wo und woher den Begriff wenigstens ebenso gut ausdruckt. Am längsten hat es sich noch mit der Präposition von erhalten, für woher, von welchem Orte. Ich weiß nicht von wannen er kommt, woher. Ob es gleich in dieser Gestalt unnötig und überflüssig ist, so kommt es in derselben doch noch zuweilen in der dichterischen Sprache vor.« (Adelung: Grammatisch-kritisches Wörterbuch)

S. 24 über Jahr und Tag In der altdeutschen Rechtstradition bedeutete der Ausdruck »Jahr und Tag« im wörtlichen Sinn: ein volles Jahr sowie ein Tag. Schlemihl kennt, anders als sein Vertragspartner, diese ursprüngliche Bedeutung der Formel offenbar nicht, weswegen er den Mann im grauen Rock einen Tag früher erwartet, als es ihrer Verabredung entspricht (vgl. vor allem S. 36, 40 und 44).

wie Faffner bei seinem Hort Auch diese Stelle hat Chamisso in seinem Brief vom 17. März 1821 an den Bruder Hippolyte erläutert: »Faffner, Name des Drachens, der den Hort, Schatz der Nibelungen, bewachte und welchen Sigurd, Sigfrid, Sigefroid tötete – eine der berühmtesten Geschichten unserer alten Dichtkunst, [...] Gegenstand des alten deutschen Gedichts« (Chamisso verwendet ›Gedicht‹ gleichbedeutend mit ›Dichtung‹) »›Das Lied der Nibelungen‹« sowie von Fouqués »dramatischem Gedicht in 3 Teilen« »Der Held des Nordens« (1810).

S. 25 Schlagschatten »in der Malerei, der stärkere Schatten eines Körpers, welcher in dem schwächern Schatten eines andern stehet, der ihn unmittelbar vor dem Sonnenscheine bedecket; franz. l'Ombrage« (Adelung: Grammatisch-kritisches Wörterbuch)

S. 27 Gebrechen »1) Der Zustand, da eine Sache mangelt, oder fehlet; doch nur noch im Oberdeutschen und ohne Plural. Das Gebrechen an Lebensmitteln. Gebrechen am Gelde leiden. 2) Ein jeder Mangel der Vollkommenheit, Unvollkommenheit, Fehler. Der dir all deine Sünden vergibt und heilet alle deine Gebrechen, Ps. 103,3. [...] Ein jeder hat seine Gebrechen, seine Fehler.« (Adelung: Grammatisch-kritisches Wörterbuch)

S. 30 schlag ich … von mir gewichen vgl. die folgende Stelle im Zweiten Buch Mose des Alten Testaments, in der Gott zu Mose spricht: »6. Siehe, ich will dort vor dich auf den Felsen am Horeb treten. Dann sollst du auf den Felsen schlagen, und es wird Wasser aus ihm hervorströmen, so dass das Volk zu trinken hat.« (Revidierte Elberfelder Bibel; Revision 26)

der Champagner Elfe entsprüht! der Champagner des Jahrgangs 1811 entwichen! 1811 war nicht nur ein besonders gutes Weinjahr, sondern zudem das Jahr, in dem sich, für das bloße Auge sichtbar, ein großer Komet am Himmel zeigte (der »C/1811 F1«, der auch, nach seinem Entdecker, »Komet Flaugergues« oder, volkstümlicher, einfach »Großer Komet von 1811« genannt wurde). Deshalb wurde der Wein dieses Jahrgangs als Elfer- beziehungsweise Kometenwein bekannt. Diese Bezeichnungen kommen auch in Dichtungen Goethes und Jean Pauls vor.

S. 32 Geistlichkeit »Die sämtlichen Geistlichen, [also die] zur Besorgung des öffentlichen Gottesdienstes bestellten Personen, als ein Kollektivum« (Adelung: Grammatisch-kritisches Wörterbuch)

freiwillig erleuchtet Die festliche nächtliche Beleuchtung ihrer Häuser war eine Huldigungsgeste der Bürger gegenüber ihren Fürsten zu deren Geburts- oder Krönungsgedenktagen. Das konnte auch ein politischer Akt sein. So illuminierten viele Berliner nach der preußischen Niederlage im Krieg von 1806/1807 am Geburtstag ihres nach Königsberg ausgewichenen Königs Friedrich Wilhelm III. ihre Häuser, obwohl die französische Militärverwaltung dies ausdrücklich untersagt hatte.

S. 35 mit Argusaugen Argos (oder lateinisch Argus) heißt der hundertäugige Wächter der Io (der Tochter des Flussgottes Inachos und Geliebten des Zeus) in der griechisch-römischen Mythologie.

S. 38 Bann »ein ehedem sehr gebräuchliches Wort von weitem Umfange, welches überhaupt alles dasjenige bedeutete, wodurch die freien Handlungen eines Menschen eingeschränket werden, diese Einschränkung selbst, und endlich auch die eingeschränkte Sache.

Alle diese Bedeutungen und die darunter gehörigen besondern Fälle sind jetzt veraltet, und das Wort wird fast nur noch allein von der kirchlichen Ausschließung von der gottesdienstlichen Gesellschaft gebraucht, welche in enger Bedeutung der Bann, oder Kirchbann genannt wird, zum Unterschiede von dem weltlichen Banne, welcher gewöhnlicher die Acht heißt. Einen in den Bann tun. Im Banne, oder unter dem Banne sein. [...] 9) Ausschließung aus einer bürgerlichen oder kirchlichen Gemeinschaft.« (Adelung: Grammatisch-kritisches Wörterbuch)

S. 42 Arethusa Die Nymphe (der weibliche Naturgeist) Arethusa ist eine Figur aus der griechischen Mythologie. Als sie beim Baden im Alpheios von dem gleichnamigen lüsternen Flussgott überrascht und verfolgt wird, eilt ihr Artemis, die Göttin der Jagd, zu Hilfe und verwandelt sie in eine Quelle, die sich in der Erde verliert und erst weit entfernt, auf der Halbinsel Ortygia, einem Teil von Syrakus, wieder austritt.

S. 44 Pergament »eine auf besondere Art zugerichtete Tierhaut, wodurch dieselbe härter und steifer wird als Leder, und [...] zum Schreiben gebraucht werden kann [...]. Auf Pergament schreiben. Ein Handschrift, eine Urkunde auf Pergament.« (Adelung: Grammatisch-kritisches Wörterbuch) Von Pergament ist hier die Rede, um die Bedeutung des Vorgangs und vielleicht auch das Archaische und Unheimliche eines mit dem Teufel eingegangenen Pakts zu unterstreichen. Normale Urkunden und Geschäftsabschlüsse wurden zu Beginn des 19. Jahrhunderts natürlich längst auf Papier ausgefertigt.

S. 45 dieser galvanischen Kraft oder polarisierenden Wirksamkeit Anspielung auf die zeitgenössische Naturwissenschaft, in der es, bei einer einsetzenden Aufspaltung in Spezialdisziplinen, doch immer noch im Sinne der um 1800 ebenfalls aufblühenden Naturphilosophie um eine Gesamtschau der Wirkungsprinzipien der organischen und anorganischen Welt ging; um die Ergründung dessen, »was die Welt / Im Innersten zusammenhält«, wie es Goethes Faust ausdrückt (V. 382f.). Als »Galvanismus« bezeichnete man – nach dem italienischen Arzt, Anatom und Naturforscher Luigi Galvani (1737–1798), der das Phänomen 1780 bei Experimenten mit präparierten Froschschenkeln entdeckte – durch elektrische Impulse verursachte Muskelkontraktionen. Polarität, das Wirken gegensätzlicher Kräfte oder die Interaktion gegensätzlicher Substanzen, war ein zentrales Denkmuster der Naturwissenschaft um 1800. Der Mann im grauen Rock, der Teufel, macht sich hier über den Forscher- und Erkenntnisdrang der Menschen lustig, der aus seiner Sicht noch nicht über das Stadium wilder Spekulation hinausgelangt ist.

S. 46 Schleicher »eine Person, welche schleicht; auch figürlich, welche ihre Absichten auf eine unbemerkte Art zu erreichen sucht« (Adelung: Grammatisch-kritisches Wörterbuch)

S. 48 Schemen »ein im Hochdeutschen ungewöhnliches Wort, welches nur in den gemeinen Sprecharten Ober- und Niederdeutschlandes üblich ist. Es bedeutet daselbst: 1) das Bild eines Dinges, sofern es durch Hemmung des Zuflusses des Lichtes entstehet, es geschehe nun im Wasser oder auf einen festen Körper, ein Schattenbild. [...] Sie gehen daher wie ein Schemen, Ps. 39. 7. Wo man dafür im Hochdeutschen Schatten gebraucht.« (Adelung: Grammatisch-kritisches Wörterbuch)

S. 50 das unsichtbare Vogelnest, ... unsichtbar macht Dieses Motiv hat Chamisso dem neunten Buch (»Das wunderbarliche Vogel-Nest / der Springinsfeldischen Leyrerin [...]. Gedruckt [...] im zu End-lauffenden 1672. Jahr«) des sogenannten »Simplicianischen Zyklus« von Hans Jakob Christoffel von Grimmelshausen (1622–1676) entnommen, dessen bekannteste Teile der Roman »Der abenteuerliche Simplicissimus Teutsch« sind, der die Bücher 1 bis 5 des Zyklus umfasst.

S. 53 weislich auf »eine weise, [...] den rechtmäßigen Absichten, den Umständen angemessene Art« (Adelung: Grammatisch-kritisches Wörterbuch)

Livree (von frz. ›livrée‹) »die Kleidung eines Bedienten, sofern sie von einem Herren auf eine einförmige Art allen seinen Bedienten gegeben wird. [...] Der Livree-Bediente, der Livree bekommt und trägt.« (Adelung: Grammatisch-kritisches Wörterbuch)

Kammerfrau »eine zur unmittelbaren Bedienung eines vornehmen Frauenzimmers bestimmte Frau, welche an fürstlichen Höfen unmittelbar auf die Hofdamen folget, und den Kammerdienerinnen vorgehet« (Adelung: Grammatisch-kritisches Wörterbuch). In einem bürgerlichen Haushalt ist eine Kammerfrau nicht recht am Platze. Vielleicht ist einfach eine Hausangestellte oder eine Gesellschafterin gemeint. Vielleicht ist die Bezeichnung aber auch als ironischer Hinweis darauf zu verstehen, dass sich die Familie inzwischen vornehmer dünkt, als es ihr eigentlich zukommt.

S. 56 dieses grauen Unholdes »der Gegensatz von dem veralteten Holde, ein Freund, daher Unholde ehedem [in früherer Zeit] sehr häufig einen Feind, besonders einen schädlichen, bösen Feind, und in engerer Bedeutung den Teufel bedeutete« (Adelung: Grammatisch-kritisches Wörterbuch). Das Attribut ›grau‹ wirkt wie ein verstärkender Hinweis, dass es sich bei dem bösen Feind tatsächlich um den Teufel handelt.

S. 59 Metaphysik »aus dem Griech. und Lat. Metaphysica, diejenige philosophische Wissenschaft, welche sich mit den allgemeinen Eigenschaften der Dinge, mit dem Dasein und den Eigenschaften Gottes, mit dem Wesen der Welt überhaupt und mit den Eigenschaften eines Geistes beschäftiget, ohne Plural« (Adelung: Grammatisch-kritisches Wörterbuch); »philosophische Disziplin oder Lehre, die das hinter der sinnlich erfahrbaren, natürlichen Welt Liegende, die letzten Gründe und Zusammenhänge des Seins behandelt« (Duden Wörterbuch).

S. 61 Der Teufel ist nicht so schwarz, als man ihn malt. In einem etwa 1830 stattgefundenen Gespräch zwischen Chamisso und Arthur Schopenhauer (1788–1860) soll der Dichter den Philosophen aufgefordert haben, »den Teufel nicht zu schwarz zu malen; ein gutes

Grau sei ausreichend« (Arthur Schopenhauer: Gespräche. Herausgegeben von Arthur Hübscher. Stuttgart 1971, S. 60f.). Und in der »Historia von D. Johann Fausten«, dem von dem Buchdrucker Johann Spies im Jahre 1587 veröffentlichten ›Volksbuch‹ der Faustsage, das auch Goethe als wichtige Quelle für seinen »Faust« diente, heißt es: »Er meinet, der Teufel wär nit so schwarz als man ihn malet, noch die Höll so heiß, wie man davon sagte«. (Beide Hinweise finden sich in Dagmar Walachs Kommentar zu Chamissos Erzählung, vgl. ED, S. 30.)

S. 62 Kammerdieners »ein Diener oder Bedienter, welcher seinen Herrn in dessen Wohn- und Schlafzimmern bedienet, zum Unterschiede von den geringern Lakaien. [...] Vornehme Personen weiblichen Geschlechtes haben auch weibliche Kammerdienerinnen, welche geringer als die Kammerfrauen, aber höher als Dienerinnen, Kammerweiber, Kammermenscher und so fort sind.« (Adelung: Grammatisch-kritisches Wörterbuch)

S. 67 Knotenstock An »einem Stabe sind« Knoten »die hervorragenden Überbleibsel der Äste und Zweige, welche an einem Baume, wenn sie groß und sehr fest sind, Knorren heißen. Daher ist ein Knotenstock [...] ein mit solchen Knoten versehener Stock.« (Adelung: Grammatisch-kritisches Wörterbuch)

S. 68 Fußknecht »eine veraltete Benennung eines Soldaten zu Fuß«, also eines Infanteristen, oder einfach »eines Fußgängers« (Adelung: Grammatisch-kritisches Wörterbuch)

Flecken »ein Mittelding zwischen einem Dorfe und einer Stadt, ein Dorf mit städtischen Gewerben, welches aber keine, oder doch nur einige Stadtgerechtigkeiten [städtische Rechte] hat, und im gemeinen [alltäglichen] Leben oft auch ein Städtchen heißt« (Adelung: Grammatisch-kritisches Wörterbuch)

S. 69 Steinbrecharten Adelung erläutert zum Stichwort »Steinbrech«: »Eine Pflanze, deren Arten fast insgesamt auf Felsen und hohen Gebirgen wachsen, wo sie durch die Ritzen und Felsen des Gesteines drängen, daher sie auch den Namen haben«. Dagmar Walach

Alexander Zick
(1845–1907):
Illustration zum Märchen
»Der kleine Däumling«
(vgl. die Erläuterung
auf Seite 116 oben)

kommentiert ergänzend: »artenreiche Pflanzengattung, meist niedrige Stauden. Zu der falschen Lesart ›Steinbrucharten‹, die sich in vielen Ausgaben findet, vgl. Chamissos Brief an seinen Nürnberger Verleger Schrag vom 26. 8. 1834, in dem er nachdrücklich die Verbesserung des unsinnigen Wortes ›Steinbruch‹ anmerkt (Rath, S. 67).« (ED, S. 31)

Marktflecken »Hat ein Flecken das Marktrecht, so wird er ein Marktflecken, oft aber nur ein Markt schlechthin genannt« (Adelung: Grammatisch-kritisches Wörterbuch). Noch heute gibt es Ortschaften und kleinere Städte, die ›Markt‹ im Namen führen, etwa ›Markt Oberndorf am Neckar‹ im Landkreis Rottweil.

S. 70 Siebenmeilenstiefeln Das Motiv der Siebenmeilenstiefel fand durch das Märchen »Le petit poucet« (»Der kleine Däumling«) aus der berühmten Märchensammlung »Les Contes de ma Mère l'Oye« (»Die Erzählungen meiner Mutter Gans«) des Franzosen Charles Perrault (1628–1703) Eingang in die europäische Literatur. Ludwig Tieck griff das Motiv in seinem 1811 entstandenen und 1812 im zweiten Band seiner Märchensammlung »Phantasus« veröffentlichten Märchenspiel »Leben und Thaten des kleinen Thomas, genannt Däumchen. Ein Mährchen in drei Akten« auf. Chamisso kannte das Stück und lobte es in seinem Brief vom 17. März 1821 an den Bruder Hippolyte als ein Werk voller »esprit« (Geist, Witz) und »verve« (Schwung).

denn klar stand plötzlich meine Zukunft vor meiner Seele ... die Wissenschaft In welchem Maße Chamisso seine eigenen Pläne und Lebensauffassungen auf seine Figur Peter Schlemihl übertrug, wird aus einem Brief deutlich, den er im November 1812, also ein halbes Jahr vor der Niederschrift seiner Erzählung, an seinen Freund Louis de la Foye schrieb; darin heißt es: »Ich bin einmal mit mir und der Welt in Eintracht, und aus der Lüge heraus. Ich habe verständig gewählt und ausgeführt, und bin einmal was ich heiße, und heiße was ich bin – das ist studiosus medicinae der Universität Berlin« (wo er Vorlesungen in Anatomie, Botanik und Zoologie belegt hatte). »Ich bin nicht reich, nicht blühend, aber so gut es gehen will fleißig, und ich spinne in mir den alten Wurm ein. – Ich habe fast aller schönen Gesellschaft entsagt [...]. Der Wissenschaft will ich durch Beobachtung und Erfahrung, Sammeln und Vergleichen mich nähern« (zitiert nach: ED, S. 32).

S. 71 bei den Herkules-Säulen Im Altertum wurden die beiden Felsenberge (der Felsen von Gibraltar und der Dschebel Musa), die auf spanischem und marokkanischem Boden die Straße von Gibraltar (die Meerenge zwischen Europa und Afrika, an der das Mittelmeer endet und der Atlantik beginnt) einfassen, als »die Säulen des Herakles« bezeichnet. (»Herakles« ist griechisch, »Herkules« lateinisch.)

Eliasberg die Eliaskette (»Saint Elias Mountains« oder »Saint Elias Range«), ein zwischen dem Südosten Alaskas und dem Nordwesten der kanadischen Provinz British Columbia gelegenes Küstengebirge
Beringstraße Meerenge zwischen Amerika und Asien, an der der Pazifik endet und der arktische Ozean beginnt
Halbinsel Malakka Gemeint ist wohl die Straße von Malakka, eine Meerenge in Südostasien zwischen der Malaiischen Halbinsel und der Nordostküste von Sumatra.
Sumatra, Java, Bali und Lamboc Sumatra gehört zu Indonesien und ist die sechstgrößte Insel der Welt. Sumatra und Java bilden zusammen mit Borneo und Sulawesi die Großen Sundainseln, die Hauptinseln von Indonesien. Bali und Lamboc gehören zu den Kleinen Sundainseln.
Archipelagus Ursprünglich eine Bezeichnung, die sich nur auf die griechische Inselwelt des Ägäischen Meeres bezog, entwickelte sich ›Archipel‹ zu einer allgemeinen Bezeichnung für eine Region, die aus einer Gruppe von Inseln und dem sie umgebenden Meer besteht.
S. 72 Zoophyten-Inseln Die heute nicht mehr gebräuchliche Bezeichnung Zoophyt stammt von dem französischen Naturforscher und Mitbegründer der Zoologie Georges Baron de Cuvier (1769–1832). Sie ist hier auf eine Gattung von Korallentieren bezogen, die weder der Tierwelt noch der Pflanzenwelt eindeutig zugeordnet werden können und aus denen die Südsee-Inseln zum Teil bestehen. Chamisso, der in den Jahren 1815 bis 1818 auf dem Schiff des baltendeutschen Offiziers der russischen Marine Otto von Kotzebue (einem Sohn des 1819 aus politischen Motiven von dem Studenten Karl Ludwig Sand ermordeten Lustspieldichters August von Kotzebue) an einer Weltumsegelung teilnahm, schrieb aus Kamtschaka, der größten Halbinsel Ostasiens, im Juni oder Juli 1816 an seinen Freund, den Kriminalrat am Berliner Kammergericht und Verleger Julius Eduard Hitzig: »Wir befanden uns bald unter den niedern Zoophyten-Inseln, die Peter Schlemihl zu sehen wünschte, und

landeten auf einer derselben. – Diese große Kalkfabrik der Natur, über ein Drittteil der heißen Zonen angelegt, fordert wohl auf, wenn man sich mitten darinnen befindet, die Chemie an die Geschichte der Erde mitanzusetzen. Jedoch, die Blätter sind zu kolossal und auch die Schrift gar seltsam abradiert [abgeschabt, abgekratzt]« (zitiert nach: ED, S. 34).

Land van Diemen Der Holländer Antonio von Diemen (1593–1645) war ab 1636 Generalgouverneur von Niederländisch-Indien. In seinem Auftrag erfolgte die Erforschung von Tasmanien, einer heute zu Australien gehörenden Insel im Indischen Ozean. Sie liegt knapp 250 Kilometer südlich vom australischen Festland. Bis 1855 wurde sie von den Europäern Van-Diemens-Land genannt.

Thebais Als Thebais – so der kurze Wikipedia-Artikel zu diesem Stichwort (Stand: Ende 2019) unter Berufung auf die einschlägige Realenzyklopädie der klassischen Altertumswissenschaft »Der Neue Pauly« (Band 12, Stuttgart 2002, Spalte 294 f.) – »wird eine spezielle Form frühchristlicher Einsiedeleien und deren spätere Nachfolger bezeichnet. Von ihnen ist der Name für bildliche Darstellungen des Eremitenlebens abgeleitet. Der Name Thebais stammt von der Region Thebais in der ägyptischen Felswüste, in der diese Form der Einsiedeleien entstand.« (Vgl. auch die eine Seite zuvor erwähnten »Höhlen […] christliche[r] Einsiedler«: S. 71, Z. 3.)

S. 73 Chronometer Als Chronometer (griech.: Zeitmesser) bezeichnete man besonders präzise und zudem robuste mechanische Uhren, wie man sie etwa zur Navigation auf Schiffen benötigte.

Sextant »(besonders in der Seefahrt benutztes) Winkelmessinstrument zur Bestimmung der Höhe eines Gestirns« (Duden)

die Nicotiana Die Leidenschaft für den Tabakgenuss teilte der Autor mit seiner Figur, wie aus den Lebenserinnerungen Karl August Varnhagen von Enses hervorgeht. Im Herbst 1807 waren Varnhagen und Chamisso zusammen nach Hamburg gereist. Nach ihrer Rückkehr nach Berlin bezogen sie dort eine gemeinsame Wohnung. Über die Zeit seiner Wohngemeinschaft mit dem Freund berichtet Varnhagen im ersten Band seiner »Denkwürdigkeiten des eignen Lebens«: »Als großen Nachteil musste ich empfinden, dass mir im Zusammenwohnen mit Chamisso, wozu wir unsrer Neigung gewiss und reichen Studiengewinn hoffend uns leicht entschlossen hatten, die Zuflucht der stillen Einsamkeit genommen war. Die Gegenwart des Freundes blieb mir zwar stets erwünscht, wir konnten beide stundenlang schweigen um uns in Arbeiten nicht zu stören, und wenn wir uns hinwieder dem Gespräch bis in die tiefe Nacht überließen, so hatten wir uns der vertraulichen Nähe zu erfreuen. Allein im Grunde verträgt nur die erste Jugend solch unbedingte Kameradschaft, späterhin lassen tausend Umstände und Rücksichten es nicht mehr so leicht vergessen, dass man zu Zweien ist. Außer andern Unbequemlichkeiten fühlten wir auch die des zahlreichen und wiederholten Besuchs, den jedesmal gemeinsam abzuwarten, wenn er auch nur dem einen galt, wir nicht vermeiden konnten. Mir lag aber außerdem von ihm eine Last auf, die er nicht von mir zu tragen hatte, nämlich seinen unaufhörlichen Tabaksqualm auszuhalten, und dabei noch, weil er mit der brennenden Tabakspfeife zu Bette ging, sein Einschlafen abzuwarten, damit kein Feuer entstünde, was er zwar als etwas Unmögliches nur belächelte, eines Abends aber durch sein angebranntes Schnupftuch, das auf der Erde neben seinem Bette dieses gleich anzünden konnte, mit großer Betroffenheit als sehr möglich erkennen lernte.« (Varnhagen: Werke in fünf Bänden. Band 1. Frankfurt am Main: Deutscher Klassiker Verlag 1987, S. 492)

S. 75 SCHLEMIHLIUM Der Name »Schlemihlium« dürfte zeitgenössische Leser an vom Gedankengut der Aufklärung inspirierte und im Dienst des Allgemeinwohls stehende Institutionen wie das 1774 gegründete und bis 1793 bestehende »Philanthropinum« in Dessau erinnert haben. Das »Philanthropinum« war eine reformpädagogische Schule, die weithin Beachtung fand.

S. 77 meinen armen Figaro Chamisso besaß selbst einen Pudel dieses Namens, den er in seinem Brief an Louis de la Foye vom 16. November 1805 erwähnt: »Zu den heftigen, lebhaften Freuden, die ich in diesem Zug erlebt habe, […] zähle ich, sage ich, nach dreiwöchentlicher Trennung meinen vielgeliebten, guten, herrlichen Figaro wieder umarmt zu haben!« (Das Tier war auf dem Vormarsch des Regiments, dem Chamisso angehörte, verloren gegangen.) »O was hatten wir uns nicht alles zu erzählen, du mein armes, gutes, getreues Pudelhaupt! Es ist doch der einzige, vernünftige Mensch, den ich jetzt sprechen kann.« (Zitiert nach: ED, S. 35 f.) Auch in Briefen Chamissos an Varnhagen und ihren gemeinsamen Freund Wilhelm Neumann ist von dem Tier die Rede.

das sehr gelehrte Werk des berühmten Tieckius, »De rebus gestis Pollicilli« »Von den Taten Däumchens«; augenzwinkernde Anspielung auf das Märchenspiel von Ludwig Tieck (vgl. die Erläuterung zu »Siebenmeilenstiefeln« auf Seite 116), das hier auf eine Weise genannt wird, als handle es sich um eine wissenschaftliche Abhandlung. (Latein war nach wie vor *die* Wissenschaftssprache; beispielsweise wurden um 1800 viele medizinische Doktorarbeiten noch in lateinischer Sprache geschrieben oder vor der Drucklegung ins Lateinische übertragen; und die Namen der Verfasser wurden dann künstlich latinisiert.) In Tiecks Märchen büßen die Siebenmeilenstiefel bei jeder Ausbesserung oder neuen Besohlung ein wenig von ihrer magischen Kraft ein, den Besitzer im Nu weiteste Entfernungen zurücklegen zu lassen.

S. 78 »Historia stirpium plantarum utriusque orbis« (lat.) »Geschichte der Wurzeln und der Pflanzen der ganzen Welt«. Der Titel dieses naturkundlichen Werkes von Peter Schlemihl ist offensichtlich an den Titel von Albrecht von Hallers (vgl. S. 107 f.) dreibändigem Werk »Historia stirpium indigenarum Helvetiae inchoata« (»Begonnene Geschichte der einheimischen Wurzeln und der Pflanzen der Schweiz«) aus dem Jahre 1768 angelehnt.

»Flora universalis terrae« (lat.) »Pflanzenkunde der gesamten Erde«

»Systema naturae« (lat.) »System der Natur«; Schlemihl wandert hier offenbar auf den Spuren von Linné (vgl. S. 108).

müßig In der Erstausgabe der Erzählung (1814) steht hier das Adjektiv »mäßig« (›maßvoll‹, ›nicht recht befriedigend‹); da jedoch die Handschrift und die zweite bis vierte Ausgabe des Werkes, die zwischen 1827 und 1836 noch zu Chamissos Lebzeiten erschienen, an dieser Stelle das Adjektiv »müßig« aufweisen, ist »mäßig« wohl ein Fehler des Setzers. Tatsächlich ist jedoch in beiden Fällen nicht ganz klar, was Chamisso mit dem Wort ausdrücken wollte. Das Adjektiv »müßig« hat meist einen negativen Beigeschmack (›unbeschäftigt‹, ›unwirksam‹, ›überflüssig‹), könnte hier aber auch ›mit Muße‹, ›in aller Ruhe‹ bedeuten.
das natürliche System Gemeint ist wohl eine Klassifizierung der Pflanzen nach ihrem Aufbau und nicht, wie in Linnés ›künstlichem System‹, nach ihrem Sexualsystem.
Berliner Universität Schlemihl vermacht seinen wissenschaftlichen Nachlass der »Universität zu Berlin«, die 1809, während der französischen Besatzungszeit, gegründet worden war und 1810 ihren Lehrbetrieb aufgenommen hatte. – Auch in dieser Beziehung erscheint Schlemihl als ein Alter Ego des Autors, denn Chamisso vermachte später seine Bibliothek, seine zoologischen und mineralogischen Sammlungen sowie seine sprachwissenschaftlichen Studien der Berliner Universität; den größeren Teil seiner botanischen Sammlung erwarb nach seinem Tod die Akademie der Wissenschaften in St. Petersburg.
Explicit Mittelalterliche Handschriften enden oft mit der lateinischen Wendung »Explicitus est liber« (»Hier ist das Buch zu Ende«), die Schlemihl am Ende seines Lebensberichts in verkürzter Form aufgreift.

Zu den Illustrationen von George Cruikshank und Adolph Schrödter

Als die zweite Ausgabe der Erzählung (»Peter Schlemihls wundersame Reise. Zweite mit den Liedern und Balladen des Verfassers vermehrte Ausgabe.« Nürnberg: Schrag 1827) vorbereitet wurde, schrieb Chamisso am 27. November 1826 an Schrag, er übersende ihm, wie gewünscht, »die sechs Cruickshankschen Blätter«; und er fügte hinzu: »Wir müssen sehr wünschen, dass diese geistreich leichthingeworfenen Skizzen mit möglichst leichter und witziger Nadel übertragen werden«, also von einem versierten Kupferstecher gestochen werden. George Cruikshanks (1792–1878) Zeichnungen waren für die erste englische Ausgabe der Erzählung (London 1823) entstanden. Sie wurden schließlich, von Peter Carl Geißler (1802–1872) gestochen und mit Randzeichnungen versehen, 1835 in die dritte Ausgabe aufgenommen. Chamisso schrieb hierzu am 26. August 1834 an Schrag: »Möge eine begabte Hand mit recht leichter Radiernadel die hübschen Randzeichnungen, die Sie mir mitgeteilt haben, auf das Kupfer, gleichsam wie andeutend hinwerfen. [...] Der Cruickshank hat schon im Nachstich sehr viel von seiner geistreichen Originalität verloren, man kann nicht umhin es einzugestehen.«

Für den 1836 veröffentlichten vierten Band einer Ausgabe von Chamissos Werken, die in der von Karl Reimer und Salomon Hirzel geführten Weidmannschen Buchhandlung in Leipzig erschien, fertigte Adolph Schrödter (1805–1875) vier Illustrationen zum »Schlemihl« an, die der Historiker Franz Kugler und Chamissos alter Freund Hitzig am 16. April 1836 gegenüber Chamisso sehr beifällig kommentierten.

Chamisso war anderer Auffassung. Er teilte den Verlegern Reimer und Hirzel in einem nicht näher datierten Brief von 1836 mit: »Unter uns, mir ist Cruikshank lieber. Er ist fabelhaft, wo dieser handgreiflich wird. Ich finde seinen grauen Mann äußerlich zu bettelhaft angetan: so kommt man nicht zum Tee bei Herrn John. Der Schatten ist zu dick. Schlemihl sieht wie ein pommerischer Junker aus der sich in der Residenz neu [hat] bekleiden lassen.« (Alle Zitate nach: ED, S. 59–62)

Illustration von George Cruikshank (1792–1878) mit Randzeichnungen von Peter Carl Geißler (1802–1872) zum »Peter Schlemihl« (vgl. Seite 122)

Illustration von Adolph Schrödter (1805–1875)
zu »Peter Schlemihls wundersame Geschichte« (vgl. Seite 122)

Leben und Werk im Überblick

Schloss Boncourt (Champagne), Châlons-sur-Marne, 1781–1792

Louis Charles Adélaïde de Chamissot de Boncourt kommt als sechstes von sieben Kindern des Offiziers und Schlossherrn von Boncourt Comte (Graf) Louis Marie de Chamissot (1738–1806) und seiner Frau Marie Anne (gest. 1806), geborene Gargam, Ende Januar **1781** zur Welt. Der genaue Tag ist nicht bekannt, was Chamisso später im ersten Teil seiner »Reise um die Welt« (1836) so kommentieren wird: »Wann und ob ich überhaupt geboren bin, ist im Dokumente nicht verzeichnet; Zeugen sind nicht mehr zu beschaffen, und es streitet nur die Wahrscheinlichkeit dafür.« (Robert Fischer: Adelbert von Chamisso. Weltbürger, Naturforscher und Dichter. Erika Klopp Verlag: Berlin und München 1990, S. 20; im Folgenden zitiert als: Fischer).

Am **31. Januar** wird er katholisch getauft. Er entstammt einer ursprünglich lothringischen Adelsfamilie, deren Stammbaum sich bis ins frühe 14. Jahrhundert zurückverfolgen lässt und die seit Ende des 16. Jahrhunderts in der Champagne, also im Nordosten Frankreichs, ansässig ist. Auf dem Schloss der Familie, an das er sich noch in späteren Jahren in dem Gedicht »Das Schloss Boncourt« (gedruckt erstmals 1827) wehmütig zurückerinnerte, verbringt er in enger Gemeinschaft mit der gut ein Jahr älteren einzigen Schwester Madeleine Louise (1779–1845) eine ruhige, von der gesellschaftlichen Gärung des vorrevolutionären Frankreich unberührte Kindheit. Die Erziehung der Geschwister liegt in den Händen von Madame Campieu, die bereits die Amme der Mutter gewesen ist. Sie regiert die Kinderstube mit strenger Hand: »Das geringste Stück Brot an die Erde zu werfen«, schreibt Chamisso in der »Reise um die Welt«, »war in meiner Kindheit eine Sünde, worauf unbarmherzig die Rute stand«.

Chamisso ist ein stilles Kind, das die Schwester rückblickend als »immer nachdenklich und wortkarg« in Erinnerung hat. Früh bildet sich seine lebenslange Liebe zur Natur heraus. In einem Brief Chamissos an Louis de la Foye aus dem Jahre 1805 heißt es dazu: »Kinder auf dem Lande werden gewöhnlich mächtig von der Natur angezogen, Blumen, Insekten, alles was da ist, blühet, sich reget, und die größeren Massen, die geheimnisvollen Berge, die Gewässer, die Erscheinungen der Luft haben einen unsäglichen Reiz für ihre Seele. So war wenigstens ich, und ich weiß noch, wie ich die Insekten erspähte, neue Pflanzen fand, die Gewitternächte anschauend und sinnend an meinem offenen Fenster durchwachte, wie alle meine Spiele, mein Schaffen und Zerstören auf physikalische Experimente und Nachforschen der Gesetze der Natur ausging« (die drei Zitate nach: Richter, S. 22, 23 und 23f.).

Dann kommt die Revolution. Im Juli **1790** werden alle Adelstitel für ungültig erklärt, die Lage für die privilegierte Oberschicht wird auch fernab der revolutionären Brennpunkte prekär. Die Familie verlässt das Stammschloss und siedelt nach Châlons-sur-Marne über, dem Sitz der Zentralverwaltung des von der französischen Nationalversammlung in Paris neugeschaffenen Departements Marne. Dem Beispiel vieler seiner Standesgenossen zu folgen und das Land ganz zu verlassen, kann sich Chamissos Vater zunächst noch nicht entschließen. Immerhin lässt er seine beiden Söhne Hippolyte (1769–1841) und Charles (1774–1822) die Kunst der Miniaturmalerei erlernen, um sie in die Lage zu versetzen, erforderlichenfalls ihren Lebensunterhalt selbst zu verdienen. Beide stehen als Leibpagen im Dienst des Königs Ludwig XVI. So ist die Familie gut informiert, wie der Druck auf die Monarchie wächst.

Lüttich, Haag, Trier, Düsseldorf, Würzburg, Bayreuth, 1792–1796

Im **Mai 1792** geht Chamissot mit seiner Frau und den anderen Kindern schließlich ins Ausland. In den Niederlanden schließt er sich als persönlicher Adjutant des Herzogs Victor-François de Broglie (1718 bis 1804), des ehemaligen Generalmarschalls der französischen Armee und Kriegsministers, dem gegenrevolutionären Heer der Emigranten an. Die Familie kann auf die Flucht nur wenige Wertsachen mitnehmen. Der Familienbesitz wird eingezogen. Im **Winter 1792 auf 1793** wird das Mobiliar von Schloss Boncourt versteigert. Das Schloss wird verkauft, zum Abbruch freigegeben und abgerissen. Als ein Vierteljahr nach der Flucht der Familie, am 10. August 1792, die Tuilerien gestürmt werden und der König als »Bürger Capet« in Gewahrsam genommen wird, wird Charles Chamissot verwundet. Der König soll ihm zum Dank dafür, dass er wiederholt sein Leben für ihn aufs Spiel gesetzt habe, einen Degen geschenkt haben. Beide Brüder bleiben bis zur Hinrichtung Ludwigs XVI. am 21. Januar 1793 in der Nähe des Königs. Danach können sie sich zur Familie durchschlagen, die mittlerweile über die Zwischenstationen Lüttich, Haag und Trier in Düsseldorf gelandet ist. Hier sichern sie als Miniaturmaler die materielle Existenz der Familie. Adelbert geht bei ihnen in die Lehre und wird ebenfalls Miniaturmaler. Die Mutter fertigt überdies zusammen mit der Schwester künstliche Blumen an, die Adelbert verkauft. In seiner Freizeit entstehen, noch in französischer Sprache, erste Gedichte.

Auch in Düsseldorf, das 1795 von der französischen Revolutionsarmee erobert wird, kann die Familie nicht dauerhaft bleiben. Sie weicht zunächst nach Würzburg und dann weiter nach Bayreuth aus, das 1791 zusammen mit Ansbach preußische Provinz geworden ist.

Chamisso leidet zeitlebens unter dem Verlust der Heimat. Er bleibt ein Suchender, ein sich nirgendwo ganz zugehörig Fühlender. Aber er akzeptiert den Gang der Geschichte und konstatiert in seinem Sonett »Mahnung« nüchtern: »Willst deines Hauses Glanz du aufrecht halten? / Lass rosten deiner Väter Schwert und Schild; / Die tun es nicht, die geben nicht den Wert, / Die Zeit ist abgelaufen, wo sie galten. / [...] / Das Neue wird. Das Alte muss veralten.« (Zitiert nach: Fischer, S. 30)

Berlin, 1796–1805

Chamissos älterer Bruder Jean Baptiste Marie, der Prudent (›der Kluge‹) genannt wird und seit dem frühen Tod von Louis Marie der zweitälteste Sohn der Familie ist, hat Theologie studiert. Er findet in Berlin eine Hauslehrerstelle und lässt Charles und Hippolyte nachkommen. Im **Mai 1796** zieht auch die restliche Familie dorthin um. Auch hier ist der Anfang schwer, denn Prudent ertrinkt, 23-jährig, noch im selben Jahr 1796 beim Versuch, einen Schüler aus der Strömung zu retten, in der Spree. Doch in Berlin eröffnet sich für die Familie nach vier Jahren des Umherirrens erstmals eine Daseinsperspektive. Hier findet sie bereits nach kurzer Zeit Aufnahme in die Adels- und Emigrantenkreise der Stadt. Sie erhält Zutritt zum Hof. Charles und Hippolyte werden 1797 von der Berliner Akademie der Künste zu außerordentlichen Mitgliedern ernannt. Adelbert wird zunächst als Maler in der Königlichen Porzellanmanufaktur beschäftigt und nach kurzer Zeit zum Leibpagen der Königin Friederike Luise (1751–1805) ernannt; sein jüngerer Bruder Eugène (1784–1802) wird ins Kadettenhaus aufgenommen, um dort zum Offizier ausgebildet zu werden.

Die Königin erkennt bald Adelberts Begabung. Sie verkürzt seine Dienststunden und sorgt dafür, dass er Privatunterricht erhält und überdies als Gastschüler das Französische Gymnasium, das anspruchsvolle Bildungsinstitut der hugenottischen Kolonie Berlins, besuchen kann. Dort erhält er **zwischen 1796 und 1798** Unterricht in Rhetorik, Latein und Griechisch, Erdkunde, Physik und Geschichte. Zudem lernt er intensiv Deutsch und beginnt, deutsche Literatur, etwa die Werke Klopstocks und Schillers, im Original zu lesen und zuweilen auch Gedichte in deutscher Sprache zu schreiben.

Dem Wunsch der Eltern folgend, tritt Chamisso am **31. März 1798** als Fähnrich in die preußische Armee ein. Er dient im Infanterieregiment von Götze, das Teil der Stadtgarnison von Berlin ist. Nebenher setzt er seine umfangreiche Lektüre fort, die nun auch die Schriften der französischen Aufklärung (Voltaire, Diderot und vor allem Rousseau, der ihn besonders anspricht) einschließt. Am **29. Januar 1801** wird er zum Leutnant befördert. Kurz darauf, im Februar, kehren die Eltern auf ein Generalpardon Napoleons hin mit Charles, Hippolyte und Madeleine Louise nach Frankreich zurück. Adelbert und Eugène bleiben in Preußen zurück. Als Eugène Mitte **1802** schwer erkrankt, bringt Adelbert ihn im August zu den Eltern, wo der jüngere Bruder bald darauf stirbt. Adelbert teilt noch eine Weile die Trauer der Familie, kehrt dann aber nach einigen Monaten nach Berlin zurück. Den Dienst in der Armee empfindet er als lähmend; er verdorre den Geist und töte das Herz. Aber in Preußen beginnt er sich zunehmend heimisch zu fühlen. **1803** dringt er tiefer ins kulturelle Leben Berlins ein als zuvor und schließt wichtige Freundschaften, etwa mit Julius Eduard Hitzig und Karl August Varnhagen (vgl. die Seiten 90–100 dieses Bands). In dieser Zeit ändert er seinen Vornamen in Adelbert und beschließt, sich bei seinen literarischen Versuchen von nun an konsequent der deutschen Sprache zu bedienen. In Anlehnung an die Erdgeistszene von Goethes »Faust. Ein Fragment« (1790) entsteht das Fragment »Faust. Eine Tragödie in einem Akt. Ein Versuch«.

Im **Sommer 1803** verliebt sich Chamisso in Cérès Duvernay, eine 24-jährige Witwe und Mutter eines kleinen Sohns, die bei der reichen Familie Ephraim als Hauslehrerin arbeitet. Er empfängt von ihr gemischte Signale. Ihre Arbeitgeber scheinen ihm ungünstig gesinnt. Die Sache zieht sich unentschieden hin, bis Cérès Ende Oktober 1804 schließlich nach Königsberg geht, um bald danach ganz nach Frankreich zurückzukehren. Dabei macht sie noch einmal in Berlin Station, wo Chamisso einen weiteren vergeblichen Versuch unternimmt, sie zur Heirat zu bewegen.

Chamisso beschäftigt sich während der anderthalb Jahre der Liebe zu Cérès Duvernay intensiv mit dem Griechischen. Daneben geben Varnhagen und er von **1803 bis 1805** jährlich einen »Musenalmanach« heraus, ein damals beliebtes Format mit vermischten poetischen Beiträgen. Darin präsentieren sie und ihre Freunde sich erstmals der Öffentlichkeit als Autoren. Der literarische Freundeskreis erweitert sich im Zuge dieser Aktivitäten. Dann aber gehen immer mehr Bekannte aus Berlin weg. Auch Chamissos Regiment erhält Ende **August 1805** einen Marschbefehl nach Hessen. Im Herbst macht sich das Regiment über Magdeburg und Hildesheim auf den Weg nach Hameln.

Hameln, Frankreich, Berlin, 1806–1809

Im **März 1806** rückt das Regiment von Götze als ständige Besatzung in die Festung Hameln (50 Kilometer südwestlich von Hannover) ein.

Zu Ostern erhält Chamisso Besuch von Varnhagen und Wilhelm Neumann, die auf dem Weg nach Halle sind, der damals wichtigsten preußischen Universität. Varnhagen will dort Medizin studieren, Neumann Theologie. Chamisso reicht bei seinen Vorgesetzten ein Abschiedsgesuch ein, um sich den Freunden anzuschließen. Aber das Gesuch wird abgelehnt. Chamisso ist deprimiert und schreibt **Ende April** in einer einzigen Nacht das Kunstmärchen »Adelberts Fabel« nieder, dessen Protagonist in eisiger Landschaft lebendig eingemauert ist und dieses Schicksal beinahe teilnahmslos erduldet, bis ihm eine Frau erscheint, die ihn aus seiner Passivität reißt, ihn bisher verborgene eigene Kräfte entdecken lässt und ihm eine Ahnung von einem selbstbestimmten, aktiven Leben vermittelt. Zweifellos handelt es sich hier um eine stark autobiographsche Wunschphantasie.

Im **Juli** lernt er in Bad Nenndorf bei Hannover Friedrich de la Motte Fouqué kennen (vgl. S. 89 f. dieses Bands); auch er von französischer Abstammung, zudem ein ehemaliger preußischer Offizier und angehender (bald sehr erfolgreicher) Schriftsteller. Die Begegnung inspiriert ihn zur Arbeit an einem auf dem Stoff des alten Volksbuchs »Fortunatus« (1509) beruhenden Versdrama »Fortunati Glücksäckel und Wunschhütlein«, das er im **August** beginnt und im **Oktober** unvollendet aufgibt. Am 20. Oktober stirbt seine Mutter und kurz darauf, am 4. November, sein Vater. Zu diesem Zeitpunkt hat Preußen bereits den Krieg gegen Frankreich, in den es sich im Sommer nach zehnjähriger Neutralität, ohne militärisch vorbereitet zu sein und sich um Bündnisgenossen gekümmert zu haben, überstürzt hineinmanövrierte (die Kriegspartei am preußischen Hof, die schon lange mit den Hufen scharrte, hatte plötzlich die Oberhand gewonnen), in einer einzigen Schlacht, der vernichtenden Niederlage bei Jena und Auerstedt am 14. Oktober, verloren. Zwar schleppt sich das Kriegsgeschehen noch bis zum Sommer des kommenden Jahres fort, jedoch ohne Aussicht, das Kriegsglück noch einmal entscheidend zu wenden. Am **21. November** wird die Festung Hameln ohne Widerstand an den Feind übergeben. Obwohl es Chamisso dadurch erspart bleibt, gegen seine Landsleute zu kämpfen, empfindet er das Verhalten seiner Vorgesetzten als ehrlos. Teile der Garnison stellen sich gegen ihre militärische Führung. Chamisso spielt dabei eine aktive Rolle. Es kommt zu Befehlsverweigerungen und Akten der Zerstörung. Ein Pulverdepot fliegt in die Luft, was einige Menschenleben kostet.

Chamisso gerät in Kriegsgefangenschaft. Er wird auf Ehrenwort entlassen, aber unter der Auflage, sich in Frankreich aufzuhalten. Die nächsten Monate verbringt er in Paris – wo er noch einmal Cérès Duvernay aufsucht und ein letztes Mal vergeblich um ihre Hand anhält –, Vertus und Troyes bei seinen Geschwistern, die erfolglos versuchen, ihn zu einer reichen und standesgemäßen Heirat zu bewegen. Im Juli 1807 wird in Tilsit Frieden gemacht. Die Bedingungen, denen sich Preußen fügen muss, sind niederschmetternd. Der Staat verliert mehr als die Hälfte seines Territoriums und sinkt bis auf Weiteres auf den Status einer ausgebluteten und finanziell ruinierten Mittelmacht zurück. Die Truppen des nunmehrigen Zwangsverbündeten Frankreich halten auf Jahre hin einen großen Teil des Landes besetzt. Immerhin werden nach dem Friedensschluss die Kriegsgefangenen entlassen und so kehrt auch Chamisso Ende **September 1807** nach Berlin zurück. Im **Oktober** reist er mit Varnhagen zu Fuß nach Hamburg. Nach der Rückkehr teilen sie sich eine Wohnung.

Am **11. Januar 1808** erhält Chamisso durch ein königliches Dekret (Verfügung) den erbetenen förmlichen Abschied aus der Armee (im Rang eines Premierleutnants). Von der preußisch-patriotischen Bewegung, die sich in der Folgezeit bildet, hält er sich fern. Während des **Sommers** wohnt er bei Hitzig, der seine Stelle in Warschau (das nun nicht mehr zu Preußen gehört) verloren und nach seiner Rückkehr nach Berlin eine Buchhandlung und einen kleinen Verlag gegründet hat. Chamisso verfasst eine Rechtfertigungsschrift über sein Verhalten bei der kampflosen Übergabe von Hameln (»Memoire über die Ereignisse bei der Kapitulation von Hameln«). Zum Roman »Die Versuche und Hindernisse Karls«, den Varnhagen, Neumann, Fouqué und August Ferdinand Bernhardi (1769–1820) – der Schwager Ludwig Tiecks und seit 1808 Direktor des Friedrichwerderschen Gymnasiums in Berlin – in dieser Zeit gemeinschaftlich schreiben, steuert Chamisso ein Kapitel bei, das aber zu spät fertig wird, als das (letztlich nicht sehr erfolgreiche) Werk bereits in Druck gegangen ist. Nebenher beschäftigt er sich mit dem Lateinischen, dem Spanischen und dem Italienischen. Im **März 1809** bestätigt ihm die Kommission, die die Ereignisse in Hameln untersucht hat, er habe sich »pflichttreu« verhalten. Die beiden Kommandanten der Garnison werden dagegen zu lebenslanger Festungshaft verurteilt. Trotz dieser Genugtuung leidet er unter Depressionen. Zeitweise ist er als Privatlehrer tätig. Der Plan, ein kleines Landgut zu erwerben und zu bewirtschaften, zerschlägt sich. Als Varnhagen nach Tübingen geht, um dort sein Medizinstudium fortzusetzen, schließt sich Chamisso noch enger an Hitzig an. Die kleine Rente, die er seit dem Tod der Eltern bezieht, sichert notdürftig seine Existenz. Das Jahr vergeht in Lethargie, ohne dass es ihm gelingt, seinem Leben eine neue Richtung zu geben.

Frankreich und Schweiz, 1810–1812

Anfang **1810** folgt Chamisso dem Ruf der Geschwister, in einer kleinen Stadt in der Bretagne eine Stelle als Griechischlehrer an einem Gymnasium anzunehmen. Aber schon in Paris erfährt er, fast zu seiner Erleichterung, dass die Position doch nicht verfügbar ist.

In Paris lernt er den großen Forschungsreisenden Alexander von Humboldt (1769–1859) und den schwäbischen Dichter Ludwig Uhland (1787–1862) kennen, dessen Gedichte er vorbildlich findet, trifft Varnhagen (inzwischen Doktor der Medizin und Leutnant der österreichischen Armee) wieder und freundet sich mit der Schriftstellerin Helmina von Chézy (1783–1856) an, die er schon aus seiner Zeit als Page der preußischen Königin kennt und die nach der Scheidung von ihrem ersten Mann (einem Berliner Garnisonskameraden Chamissos) nun von ihrem zweiten Mann getrennt lebt. Zudem tritt Chamisso in näheren Kontakt mit dem einst bewunderten August Wilhelm Schlegel, der jedoch mittlerweile an Glanz eingebüßt hat. Als Privatsekretär und Erzieher der Kinder gehört er zum Gefolge von Madame de Staël (1766–1817), der Tochter des französischen Finanzministers am Vorabend der Revolution Jacques Necker, Gegnerin Napoleons und Autorin des Buchs »De l'Allemagne« (entstanden ab 1807, erschienen 1813), das auf den Eindrücken ihrer 1803/1804 unternommenen Deutschlandreise beruht. Chamisso beginnt zusammen mit Helmina von Chézy, Schlegels Vorlesungen über dramatische Kunst und Literatur ins Französische zu übertragen, und wird für die nächsten zwei Jahre Teil der Entourage (des Gefolges) von Madame de Staël. Die Sommermonate des Jahres 1810 verbringt sie, von ihrem Hauptwohnsitz Schloss Coppet am Genfer See kommend, auf den Loire-Schlössern Chaumont und Fossé, bis sie im September vom Polizeiminister, nachdem er die Korrekturabzüge von »De l'Allemagne« hat beschlagnahmen lassen, aus Frankreich ausgewiesen wird. Chamisso gehört in diesem **Sommer 1810** zu ihren bevorzugten Gästen, wird jedoch weiterhin vom Gefühl beherrscht, »nirgends am Platz« und »überall fremd« zu sein (an Madame de Staël, zitiert nach: Fischer, S. 99). Als Madame de Staël Frankreich verlassen muss, vermittelt sie ihn an den Präfekten Prosper de Barante in Napoléon-Vendée (La Roche-sur-Yon in Südwestfrankreich), dem er die deutsche Sprache und Kultur näherbringen soll. Bei diesem Herrn, der ihn freundlich aufnimmt und ihm viel Freiraum lässt, verbringt er den **Winter 1810 auf 1811**, bevor er im **März** über Paris an den Genfer See reist, um sich in Coppet wieder Madame de Staël anzuschließen. Dort beschäftigt er sich mit dem Spanischen und dem Englischen, liest Shakespeare und beginnt im **Frühjahr 1812** mit dem systematischen Studium der Pflanzenwelt. Als Napoleon Ende Mai Genf besetzt, flieht Madame de Staël aus Coppet. Im **August**, nach weiteren ausgedehnten botanischen Exkursionen, bricht auch Chamisso auf. Er durchwandert die Alpen und kehrt dann nach Deutschland zurück.

Berlin, 1812–1815

Im **September** ist Chamisso zurück in Berlin, im **Oktober** schreibt er sich, mittlerweile 31 Jahre alt, an der 1810 neu gegründeten Berliner Universität als Student der Medizin ein und belegt Vorlesungen in Anatomie, Botanik und Zoologie. Seine literarischen Ambitionen und Projekte, die er zumindest als Übersetzer noch bis zuletzt verfolgt hat, betrachtet er nun mit Widerwillen und sieht sich ganz als angehender Naturforscher. Auf langen Wanderungen macht er sich mit der Flora der märkischen Landschaft rund um Berlin vertraut. In der Familie seines vertrautesten Berliner Freundes Hitzig findet er sofort wieder herzliche Aufnahme.

Nach wenigen Monaten setzen die »Weltereignisse vom Jahre 13« (»Reise um die Welt«, zitiert nach: Fischer, S. 109) dem ruhigen Studium aber schon wieder ein abruptes Ende. Der König ruft sein Volk, nach langem Zögern, im **März 1813** zu den Waffen, um die Franzosen aus dem Land zu vertreiben. Die sogenannten Befreiungskriege beginnen und die Universität wird vorübergehend geschlossen. Auf Vermittlung des Zoologieprofessors Lichtenstein verbringt Chamisso die folgenden Monate im Oderbruch auf dem Schloss und Landgut der Familie Itzenplitz, wo er für seinen Gastgeber botanische Studien unternimmt und nebenher den »Peter Schlemihl« schreibt (vgl. S. 83–87 dieses Bands). Nach der Völkerschlacht bei Leipzig, die am 19. Oktober die Niederlage Napoleons besiegelt, kehrt Chamisso nach Berlin zurück und nimmt sein Studium wieder auf. Im **Mai 1814** stirbt Hitzigs Frau, was auch für Chamisso ein schwerer Schock ist. Im **Herbst** erscheint der »Peter Schlemihl«, der Chamissos literarischen Ruhm begründet. Die Erzählung wird noch zu Chamissos Lebzeiten in zahlreiche Sprachen übersetzt und ›Schlemihl‹ wird bald zum geflügelten Wort und zur Bezeichnung (»à la Schlemihl«) für verschiedenste Alltagsphänomene und -gegenstände, die eine Anspielung auf die Schattenlosigkeit von Chamissos unglücklichem Helden ermöglichen.

Ebenfalls im Herbst 1814 macht Hitzig Chamisso und E. T. A. Hoffmann (1776–1822) miteinander bekannt, nachdem er Hoffmann den

»Schlemihl« vorgelesen hat. Hoffmann ist von der Geschichte so hingerissen, dass er darauf brennt, den Autor kennenzulernen – eine Bitte, die Hitzig gerne erfüllt. Er und Hoffmann sind seit ihrer gemeinsamen Zeit im preußischen Justizdienst in Warschau befreundet. Nun ist Hoffmann nach einem mehrjährigen Zwischenspiel als Operndirigent in Bamberg, Leipzig und Dresden gerade erst nach Berlin und, wie etwas früher auch Hitzig, an das dortige Kammergericht zurückgekehrt. Fortan kommen die drei und der Dichter Carl Wilhelm Salice-Contessa (1777–1825) regelmäßig zusammen. Hoffmann nennt diese Zusammenkünfte, an denen gelegentlich auch Fouqué teilnimmt, »Seraphinen-Abende« und setzt der Runde später in der Rahmenhandlung seiner vierbändigen Sammlung von Erzählungen und Kunstmärchen »Die Serapions-Brüder« (1819–1821) ein literarisches Denkmal. Und damit nicht genug: In seiner im Januar 1815 entstandenen Erzählung »Die Abenteuer der Silvester-Nacht« (veröffentlicht 1815 im vierten Band der »Fantasiestücke in Callot's Manier«) variiert er im vierten Teil, der »Geschichte vom verlornen Spiegelbilde«, das Hauptmotiv von Chamissos Erzählung – wenn auch »ziemlich unglücklich«, wie Hitzig in einem Brief an Fouqué urteilte, der in der zweiten Ausgabe des »Peter Schlemihl« von 1827 (Hoffmann war da bereits fünf Jahre tot) abgedruckt wurde. Im zweiten Teil, »Die Gesellschaft im Keller«, lässt Hoffmann Peter Schlemihl sogar höchstselbst auftreten, wobei der Kenner in der Figur auch ihren geistigen Vater Chamisso wiedererkennen konnte; hieraus ein längeres Zitat:

»Der Wirt lief hinaus und trat bald wieder ein, [...] ihm folgte ein sehr langer, schlanker Mann. [...] Er forderte verdrießlich Bier und Pfeife und erregte mit wenigen Zügen einen solchen Dampf, dass wir bald in einer Wolke schwammen. Übrigens hatte sein Gesicht so etwas Charakteristisches und Anziehendes, dass ich ihn trotz seines finstern Wesens sogleich liebgewann. Die schwarzen reichen Haare trug er gescheitelt und von beiden Seiten in vielen kleinen Locken herabhängend, so dass er den Bildern von Rubens glich. Als er den großen Mantelkragen abgeworfen, sah ich, dass er in eine schwarze

Kurtka mit vielen Schnüren gekleidet war, sehr fiel es mir aber auf, dass er über die Stiefeln zierliche Pantoffeln gezogen hatte. Ich wurde das gewahr, als er die Pfeife ausklopfte, die er in fünf Minuten ausgeraucht. Unser Gespräch wollte nicht recht vonstatten gehen, der Fremde schien sehr mit allerlei seltenen Pflanzen beschäftigt, die er aus einer Kapsel genommen hatte und wohlgefällig betrachtete. Ich bezeigte ihm meine Verwunderung über die schönen Gewächse und fragte, da sie ganz frisch gepflückt zu sein schienen, ob er vielleicht im Botanischen Garten oder bei Boucher« (einem damals viel frequentierten Gartenbaubetrieb in der Stralauer Vorstadt) »gewesen. Er lächelte ziemlich seltsam und antwortete: ›Botanik scheint nicht eben Ihr Fach zu sein, sonst hätten Sie nicht so –‹ Er stockte, ich lispelte kleinlaut: ›albern‹ – ›gefragt‹, setzte er treuherzig hinzu. ›Sie würden‹, fuhr er fort, ›auf den ersten Blick Alpenpflanzen erkannt haben, und zwar wie sie auf dem Chimborasso wachsen‹ « (also auf dem von Alexander von Humboldt wenige Jahre zuvor gründlich erforschten höchsten Berg des heutigen Staates Ecuador). »Die letzten Worte sagte der Fremde leise vor sich hin, und du kannst denken, dass mir dabei gar wunderlich zumute wurde. Jede Frage erstarb mir auf den Lippen; aber immer mehr regte sich eine Ahnung in meinem Innern, und es war mir, als habe ich den Fremden nicht sowohl oft *gesehen* als oft *gedacht*. [...] Nach und nach wurde das Gespräch lebendiger. Der Kleine« (ein etwas später eingetretener Gast) »war mir zwar sehr unheimlich, aber der Große wusste über geringfügig scheinende Dinige recht viel Tiefes und Ergötzliches zu sagen, unerachtet er mit dem Ausdruck zu kämpfen schien, manchmal wohl auch ein ungehöriges Wort einmischte, das aber oft der Sache eben eine drollige Originalität gab, und so milderte er, mit meinem Innern sich immer mehr befreundend, den übeln Eindruck des Kleinen. [...] Unser Gespräch fiel in jenen Humor, der nur aus dem tief bis auf den Tod verletzten Gemüte kommt. [...] Der Große erhob sich, schritt auf den Kleinen los und sprach: ›Mache Er sich nicht so unnütz, mein Freund! sonst wird Er die Treppe hinaufgeworfen [...].‹ – ›Ha, ha, ha, ha!‹, lachte und kreischte der Kleine in tollem Hohn, ›ha, ha, ha – meinst du? meinst du? Hab ich doch meinen schönen Schlagschatten, o du jämmerlicher Geselle, hab ich doch meinen Schlagschatten!‹ – Und damit sprang er fort, noch draußen hörten wir ihn recht hämisch meckern und lachen: ›Hab ich doch meinen Schlagschatten!‹ Der Große war, wie vernichtet, totenbleich in den Stuhl zurückgesunken, er hatte den Kopf in beide Hände gestützt, und aus der tiefsten Brust atmete schwer ein Seufzer auf. ›Was ist Ihnen?‹, fragte ich teilnehmend. ›O mein Herr‹, erwiderte der Große, ›jener böse Mensch, [...], der mich bis hieher, bis in meine Normalkneipe, verfolgte, wo ich sonst einsam blieb, [...] hat mich zurückgeführt in mein tiefstes Elend. Ach – verloren, unwiederbringlich verloren habe ich meinen –. Leben Sie wohl!‹ – Er stand auf und schritt mitten durch die Stube zur Tür hinaus. Alles blieb hell um ihn – er warf keinen Schlagschatten. Voll Entzücken rannte ich nach. – ›Peter Schlemihl – Peter Schlemihl!‹, rief ich freudig, aber *der* hatte die Pantoffeln weggeworfen. Ich sah, wie er über den Gensdarmesturm« (den Turm des Französischen oder des Deutschen Doms am Berliner Gendarmenmarkt) »hinwegschritt und in der Nacht verschwand.« (Aus: E. T. A. Hoffmann: Fantasiestücke in Callots Manier. Berlin und Weimar: Aufbau-Verlag 1994, S. 323–327)

Am selben **13. Januar 1815**, an dem Hoffmann den Freunden seine in wenigen Tagen niedergeschriebenen »Abenteuer der Silvester-Nacht« vorliest, wird beschlossen, nach dem Vorbild des sieben Jahre zuvor von Varnhagen, Neumann, Fouqué und Bernhardi gemeinschaftlich verfassten Romans »Die Versuche und Hindernisse Karls« einen »Roman des Freiherrn von Vieren« zu schreiben, der aber über wenige Kapitel nicht hinausgelangt, denn erneut gibt es Krieg. Während in Wien der Kongress tagt, um eine Nachkriegsordnung für Europa festzulegen, entweicht Napoleon Ende Februar von der vor der toskanischen Küste gelegenen Insel Elba, wohin er verbannt worden ist, marschiert mit einer ständig sich vergrößernden Anhängerschaft nach Paris, fegt die dortige Regierung hinweg und steht plötzlich wieder an der Spitze der im Vorjahr niedergerungenen französischen Nation. Doch die große Koalition der übrigen europäischen Mächte, die sich daraufhin sofort bildet, ist nicht gewillt, dies zu dulden. Mitte Juni, in der Schlacht bei Waterloo (beziehungsweise der Schlacht bei Belle-Alliance, wie sie bei den Preußen hieß), wird Napoleon mit vereinten Kräften ein letztes Mal besiegt, womit die von ihm dominierte und nach ihm benannte Epoche tatsächlich endet.

Chamisso hält sich auch diesmal von den Waffen fern, was aber nun, anders als während der Befreiungskriege, selbst bei einem Teil seiner Freunde und Bekannten auf Kritik stößt. Er hat also Anlass, sich aus Berlin wegzuwünschen. Schon 1814 hat er sich um die Teilnahme an einer Expedition beworben, die der Naturforscher und Völkerkundler Prinz Maximilian zu Wied-Neuwied (1782–1867) in den Jahren 1815 bis 1817 nach Brasilien unternahm. Da scheiterte die Sache noch daran, dass er für seinen Teil der Reisekosten selbst hätte aufkommen müssen, wozu er nicht in der Lage war. Im **Juni 1815** gelingt es ihm jedoch auf Vermittlung von Hitzig hin, zum offiziellen Naturforscher einer von Russland ausgehenden »Entdeckungsreise in die Südsee und um die Welt« ernannt zu werden; denn der Kapitän des Expeditionsschiffs und Leiter der Unternehmung, Otto von Kotzebue (1787–1846), ist ein Sohn des populären deutschen Lustspieldichters und späteren (ab 1817) russischen Generalkonsuls in Deutschland August von Kotzebue (1761–1819), mit dem Hitzig befreundet ist.

Reise um die Welt, 1815–1818

Am **15. Juli 1815** bricht Chamisso in Berlin auf. Er reist über Hamburg und Kiel nach Kopenhagen, wo am **17. August** die Anker gelichtet werden. Die Besatzung des Expeditionsschiffs, des Zweimasters »Rurik«, besteht aus 33 Personen, darunter als wissenschaftliche Teilnehmer neben Chamisso der Zoologe und Schiffsarzt Johann Friedrich Eschscholtz, der Maler Louis Choris und der dänische Botaniker Morton Wormskiold. Finanziert wird das Unternehmen, dessen Hauptziel die Entdeckung einer Durchfahrt vom Nordosten

Russlands zum Atlantischen Ozean ist, von Nikolai Petrowitsch Graf von Rumjanzew (1754–1826), der bis zu einem 1812 erlittenen Schlaganfall russischer Außenminister und Staatskanzler gewesen ist.

Chamissos Zuhause ist nun für drei Jahre die 4,20 Quadratmeter große »Kajüte de Campagne«, der Schlaf- und Aufenthaltsraum der Offiziere und Forscher, in dem vier Personen schlafen, sechs wohnen und sieben speisen. Für die Sammlungen, die er auf der Reise anlegt, ist nirgends auf dem Schiff Platz. Vieles geht durch die Enge des Zusammenlebens, durch das fehlende Verständnis der Schiffsbesatzung für den Wert der Pflanzen und Fossilien oder auch durch schwere See bereits auf der Reise wieder verloren. Der Kapitän findet, es reicht, wenn Choris Zeichnungen von Pflanzen anfertigt, wogegen Chamisso protestiert und was im Übrigen der Maler auch nicht als seine Aufgabe betrachtet. Das Verhältnis zwischen Kotzebue und Chamisso ist bald dauerhaft angespannt. Dennoch genießt er, ungeachtet aller Rückschläge und Einschränkungen des täglichen Lebens, die Reise. Diese führt zunächst von Plymouth nach Brasilien. In der ersten Hälfte des Jahres **1816** umsegelt die Mannschaft das Kap Hoorn und durchquert nach einem längeren Aufenthalt in Talcahuano (Chile) den Pazifischen Ozean. Auf der Halbinsel Kamtschaka im Nordosten Russlands bereitet sie sich auf die erste Nordfahrt vor, die von **Mitte Juli bis Ende August** stattfindet und deren Höhepunkt die Entdeckung des Kotzebue-Sunds ist, eines heute noch unter diesem Namen bekannten Meeresarms nördlich der Beringstraße am westlichen Ende Alaskas. Eine im Innern des Meeresarms liegende Insel wird nach Chamisso benannt. Dann geht es über San Francisco nach Hawaii und der westlich von Hawaii gelegenen, bis dahin von Europäern noch unerforschten Inselkette Ratak, wo die Expedition bis **März 1817** Station macht. Auf der zur Ratak-Kette gehörenden Insel Aur schließt Chamisso Freundschaft mit einem von den Karolineninseln stammenden jungen Mann, Kadu, den er später als den besten Charakter bezeichnet, den er je getroffen, und als den Menschen, den er am meisten geliebt habe. Die Sprache der Einheimischen lernt

Chamisso so gut, dass er an einem Wörterbuch zu arbeiten beginnt und eine Sammlung ihrer Lieder anlegt. Sein Respekt vor der Lebensart der Inselbewohner ist groß. Er zeichnet auf, was er über ihre religiösen Vorstellungen und kulturellen Gebräuche erfährt – gerade noch rechtzeitig, denn wenige Jahre später läutet die Ankunft christlicher Missionare das Ende der eigenständigen einheimischen Kultur ein. Die christliche Missionstätigkeit, deren Zeuge er auf anderen Stationen der Reise geworden ist, betrachtet er mit skeptischem Blick. Während des Aufenthalts in San Francisco notiert er: »Die Verachtung, welche die Missionare gegen die Völker hegen, an die sie ausgesandt sind, scheint uns bei ihrem frommen Geschäft ein unglücklicher Umstand zu sein. Keiner von ihnen scheint sich um deren Geschichte, Bräuche, Glauben, Sprache bekümmert zu haben.« Er selbst vertritt dagegen die Überzeugung: »Jedes Bruchstück der Geschichte des Menschen hat Wichtigkeit.« (Zitiert nach: Fischer, S. 146)

Die zweite Nordfahrt wird durch einen Aufenthalt auf der Inselkette der Aleuten am Südrand des Beringmeers vorbereitet und beginnt **Ende Juni 1817**, wird aber bereits am **12. Juli** durch den Kapitän, auch eigener gesundheitlicher Probleme wegen, abgebrochen. Das Hauptziel der Reise, die erhoffte Entdeckung einer Durchfahrt zum Atlantischen Ozean, wird verfehlt. Über Hawaii, Ratak, die Philippinen und vorbei an der Nordwestküste Australiens steuert die Expedition in der **ersten Hälfte des Jahres 1818** auf ihrer Rückreise Kapstadt an, von wo es über St. Helena (dem Verbannungsort Napoleons) nach Portsmouth geht. Nach einer Zwischenstation in Kopenhagen endet das Unternehmen **Ende September** in St. Petersburg. **Ende Oktober** ist Chamisso zurück in Berlin, wo er nun noch seine auf der Reise gewonnenen Erkenntnisse zusammenfassend darzustellen hat. Seine »Bemerkungen und Ansichten auf einer Entdeckungs-Reise, unternommen in den Jahren 1815–1818« erscheinen 1821 – zur Enttäuschung des Autors mit »unzähligen«, teils »sinnzerstörenden Druckfehlern« – als dritter Band von Kotzebues Abschlussbericht über die Expedition (»Entdeckungsreise in die Südsee«).

Berlin, 1818–1838

Die letzten zwanzig Jahre seines Lebens verbringt Chamisso, darin – in kleinerem Maßstab – Alexander von Humboldt vergleichbar, mit der wissenschaftlichen Auswertung der auf der Expedition gemachten Beobachtungen und zusammengetragenen Sammlungen. Zudem gründet er eine Familie, versucht sich erfolglos als Dramatiker und gelangt als Lyriker zu spätem Ruhm.

Im **Frühjahr 1819** wird ihm von der Universität zu Berlin aufgrund seiner Beschreibung des Generationswechsels der Salpen (kleiner, vergleichsweise primitiver Meerestiere) die Ehrendoktorwürde verliehen und er wird als zweiter Kustos (wissenschaftlicher Mitarbeiter und Betreuer der Sammlungen) am Königlichen Herbarium (der Pflanzensammlung) und als Adjunkt (Gehilfe, wissenschaftlicher Assistent) am Botanischen Garten angestellt. Ein hübsches kleines Haus ganz in der Nähe des Botanischen Gartens wird ihm als Amtswohnung zugewiesen. Damit ist seine materielle Existenz, wenn auch auf bescheidener Basis, dauerhaft gesichert; und so folgt er noch im gleichen Jahr dem Beispiel seines gleichaltrigen Freundes Wilhelm Neumann, der inzwischen Beamter der preußischen Militärverwaltung und seit kurzem mit Doris Mnioch, einer Pflegetochter Hitzigs, verheiratet ist, und heiratet im Alter von bald 39 Jahren am **25. September** die knapp neunzehnjährige Antonie Paste, eine weitere Pflegetochter Hitzigs, die er schon als Kind gekannt hat. Antonie entspricht seinem schon für damalige Zeiten recht konservativen Frauenideal. Sie ist hübsch und anschmiegsam, ein wenig naiv und ohne große geistige Ansprüche. Chamisso liebt seine Frau sehr, die im Laufe der Jahre sieben Kinder zur Welt bringt: 1820 Ludwig Deodatus (genannt Ernst), 1822 Wahrmund (genannt Max), 1827 Adélaïde, 1829 Johanna, 1830 Adolph, 1832 Hermann und 1835 Adelbert. Dass seine Geschwister einige Zeit benötigen, sich mit der Herkunft der neuen Schwägerin abzufinden, kommentiert er ungerührt: »Antonie Paste ist ihr Name, ob aus dem polnischen königlichen Hause, wird nicht gefragt. – Wir sind bürgerliche Personen.« (Zitiert nach: Fischer, S. 162)

Chamisso ist ein liebe- und verständnisvoller Vater, der seinen Kindern viele Freiheiten lässt, sich nach ihren Neigungen zu entwickeln. Etwas getrübt wird das Bild Chamissos als Familienmensch im letzten Drittel seines Lebens nur durch eine Episode, die die Forschung spät ans Licht gebracht hat. Aller Wahrscheinlichkeit nach hatte er im **Herbst 1821** ein außereheliches Verhältnis mit der damals 29 Jahre alten Apothekersgattin Marianne Hertz, die er schon von seiner lange zurückliegenden Zeit in Hamburg her kannte; Mariannes Sohn Wilhelm Ludwig Hertz (1822–1901), der später als Verleger auch einige Romane Theodor Fontanes herausbrachte, stammte vermutlich aus dieser Beziehung.

Im **Juli 1822** bricht im Gartenhaus in Schöneberg ein Feuer aus, bei dem ein Teil des Mobiliars zerstört wird, aber niemand von der (zu der Zeit noch kleinen) Familie Schaden nimmt und auch Chamissos Sammlungen und Papiere weitgehend unversehrt bleiben. Jedoch wird ein Umzug notwendig. Chamisso und seine Frau entscheiden sich für die Innenstadt. Für ein knappes Jahr wohnen sie in der Lindenstraße 30, bevor sie dann in der Friedrichstraße 235 eine geeignete dauerhafte Bleibe finden.

Die **zweite Hälfte des Jahres 1823** ist weitgehend durch zwei größere Exkursionen ausgefüllt, die Chamisso im Auftrag der preußischen Regierung unternimmt. Im Umland von Greifswald nimmt er Höhenmessungen vor, untersucht Torfmoore und legt vier große Herbarien (mit jeweils 1200 bis 1500 Pflanzen) und dreißig kleine Schulherbarien (mit jeweils 300 Pflanzen) an. Die zweite Exkursion führt ihn auf die Ostseeinsel Rügen.

In den Wintern stellen sich nun vermehrt rheumatische Beschwerden ein und Chamisso sehnt sich während der kalten Jahreszeit nach dem milden Südsee-Klima, das er auf der großen Reise genossen hat.

Bald nach der Eheschließung hat er neben der Ausarbeitung seiner wissenschaftlichen Schriften auch wieder begonnen, literarische Texte, meist Gedichte, zu schreiben. Als Hitzig im **Herbst 1824** eine literarische Gesellschaft ins Leben ruft, in der sich Dichter und Schriftsteller mit den literarischen Neuerscheinungen bekanntmachen – aber nicht aus eigenen Werken vorlesen – sollen, ist Chamisso mit von der Partie. Die Treffen der Vereinigung, die unter dem informellen Namen »Mittwochsgesellschaft« bekannt wird, werden ihm zum Anlass, sich nach den frühen, Fragment gebliebenen dramatischen Arbeiten noch einmal als Bühnendichter zu versuchen. In seinem nach dem Muster der Komödien Molières (1622–1673) verfassten Lustspiel »Die Wunderkur« zieht er gegen den sogenannten Mesmerismus oder tierischen Magnetismus – der auf Hypnose und Suggestion beruhenden Heilungsmethode von Franz Anton Mesmer (1734–1815) – zu Felde, der seinen alten Mitstreiter aus den Zeiten des Nordsternbundes, David Ferdinand Koreff (vgl. S. 100 dieses Bands), zu einem gefragten Modearzt gemacht hat. Das Stück wird vom Königlichen Schauspielhaus zur Aufführung angenommen und hat am **9. Mai 1825** Premiere, erntet aber wenig Beifall und wird daher nach zwei weiteren Aufführungen vorzeitig wieder abgesetzt.

Im **Herbst** desselben Jahres **1825** unternimmt Chamisso eine längere Reise nach Frankreich, nachdem die französische Regierung gegen den erbitterten Widerstand der Opposition beschlossen hat, den Emigranten aus der Zeit der Revolution und der Herrschaft Napoleons Ausgleichszahlungen für ihre Vermögensverluste anzubieten. Eigentlich widerspricht es Chamissos erklärten Überzeugungen, einen Antrag auf Entschädigung zu stellen, aber er tut es dennoch und begründet den Schritt vor sich und Freunden mit den Ansprüchen, die die sich vergrößernde Familie an ihn als Ernährer stellt. Die Verhandlungen ziehen sich hin. Erst als er den Nachweis erbringt, niemals die preußische Staatsbürgerschaft angenommen zu haben, wird sein Antrag bewilligt. Er erhält drei Prozent seines Erbanteils, was rund 91 000 Franc entspricht. Während der Wochen in Paris wohnt er bei seinem Bruder Hippolyte und dessen Familie und wird von dem Maler Choris, einem der Reisegefährten der Jahre 1815 bis 1818, zu einem üppigen Festessen eingeladen, wie sie es sich auf der Expedition in Zeiten des Mangels und eintönigen Speiseplans oft ausgemalt haben. Seiner Frau meldet er erfreut, dass er als Autor des »Peter Schlemihl«, aber auch aufgrund seiner wissenschaftlichen Veröffentlichungen, in Paris gekannt und anerkannt werde.

Zurück in Berlin, veröffentlicht er in kontinuierlicher Folge wissenschaftliche Artikel in der von Schlechtendahl (vgl. S. 102 dieses Bands) herausgegebenen Fachzeitschrift »Linnaea« und besucht wieder regelmäßig die Mittwochsgesellschaft, in der sich inzwischen viele alte und neue Freunde versammeln: Neben Hitzig, Fouqué und Varnhagen beispielsweise auch Joseph von Eichendorff, Achim von Arnim und Ludwig Börne. Chamisso schreibt nun vermehrt volkstümliche Lieder und Balladen; und als im **Spätherbst 1826** eine zweite Auflage des »Peter Schlemihl« vorbereitet wird, lässt er sich von den Freunden dazu überreden, der neuen Ausgabe einen Anhang mit einer Auswahl seiner in den vergangenen Jahren entstandenen Gedichte beizufügen. Der Erfolg dieser Ausgabe ist über jede Erwartung hinaus riesengroß. Sie macht Chamisso zu einem der populärsten Lyriker jener Jahre und löst einen anhaltenden Schaffensdrang aus, der bis zum Frühsommer **1833** anhält, in dem eine Bronchitis zum Ausbruch kommt, die Chamisso nicht mehr loswerden wird. Im **März 1829** schreibt Chamisso, der seine unerwartete große Popularität immer noch mit einem gewissen Unglauben betrachtet: »Ich finde Anerkennung, ich weiß nicht wie in dieser Zeit. Meine Gedichte finden Nachhall – werden überall wieder abgedruckt, Künstler verfertigen Bilder nach denselben; in verschiedene Sprachen werden sie übersetzt, und von mir selbst wird jetzt in den Kunsthandlungen ein schönes lithographiertes Bild Preis geboten.« (Zitiert nach: Richter, S. 179)

Mindestens ebenso wichtig wie der literarische Erfolg ist ihm jedoch das pflanzenkundliche Unterrichtswerk »Übersicht der nutzbarsten und schädlichsten Gewächse, welche wild oder angebaut in Norddeutschland vorkommen«, das im Auftrag des preußischen Kultusministeriums entsteht und **1827** erscheint.

1828 unternimmt er mit »Der Wunder-Doktor« noch einmal einen Anlauf, sich als Bühnenautor einen Namen zu machen. Dieser Ver-

Das bekannteste Bild des älteren Chamisso. Stich nach dem Porträt von Robert Reinick (1805–1852)

such ist aber ebenso wenig von Erfolg gekrönt wie weitere Bemühungen in dieser Richtung. So bleibt es dabei, dass der Autor des »Peter Schlemihl« von den Literaturfreunden vor allem um seiner Gedichte willen geliebt wird, die in ihrem gefühlsinnigen Ton und in ihrer inhaltlich sowie formal eher traditionellen Gestaltung den Geschmack der Restaurationszeit treffen, welche erst allmählich in den sogenannten Vormärz mit seinen progressiveren und politischeren Ambitionen überzugehen beginnt.

Typisch für Chamissos Lyrik ist sein Gedichtzyklus »Frauen-Liebe und -Leben« aus dem Jahre 1830, der in der zehn Jahre später, 1840, entstandenen Vertonung Robert Schumanns (1810–1856) bis heute eindrucksvoll und anrührend ist, für sich genommen, als Leselyrik, allerdings aufgrund des in ihm zum Ausdruck kommenden Frauenbildes doch eher befremdlich und auch etwas komisch wirkt.

1831 erscheinen Chamissos bis dahin entstandene Gedichte in der Weidmannschen Verlagsbuchhandlung in Leipzig erstmals in einer eigenen Buchausgabe, die 1840 bereits die fünfte Auflage erreicht.

Ab **1832** gibt er zusammen mit dem Pfarrer und Gymnasialprofessor Gustav Schwab (1792–1850) – der wenige Jahre später die »Sagen des klassischen Altertums« (1838–1840) verfasste, die ihn auf Generationen hinaus zu einem der meistgelesenen Autoren der bürgerlichen Jugend machten – den »Deutschen Musenalmanach« heraus, ein Prestigeunternehmen der Leipziger Verleger Karl Reimer und Salomon Hirzel. Über seine Herausgebertätigkeit schreibt er selbstironisch, er habe nun »jahrjährlich die Eitelkeit von nicht weniger als fast allen deutschen Dichtern zu kränken, [...] indem ich mit dem großen Wedel an der Tür des Musenalmanachs stehe, die mehrsten von ihnen wegzuscheuchen [...] alle wollen von mir erfahren, ob sie Dichter sind oder werden sollen oder das Dichten abschwören« (zitiert nach: Richter, S. 182). Seine eigene Lyrik beginnt sich unter dem Eindruck der Julirevolution von 1830 und der von ihr in Gang gebrachten Veränderung des politischen Klimas zu wandeln; er greift nun auch, beispielsweise in dem **1832** entstandenen Gedicht »Die Waschfrau« (das lange Zeit einen festen Platz in Schullesebüchern hatte), sozialkritische Themen auf.

1833 wird Chamisso erster Kustos am Königlichen Herbarium. Im **Mai 1835** beendet er die Arbeit an seinem Reisebericht »Reise um die Welt in den Jahren 1815–1818« (1836), der als persönlicher gehaltene Erzählung die wissenschaftliche Aufarbeitung der Expedition ergänzt und gewissermaßen abrundet. Im selben Monat – in dem zudem die dritte Auflage des »Peter Schlemihl« erscheint – wird er auf Alexander von Humboldts Vorschlag hin in den Kreis der Mitglieder der Berliner Akademie der Wissenschaften aufgenommen. Dort trägt er **1836** seine Abhandlung »Über die Hawaiische Sprache« vor, die er in den Monaten zuvor ausgearbeitet hat.

Am **21. Mai 1837** stirbt Antonie mit 36 Jahren infolge eines Lungenleidens an einem »Blutsturz«, also an einem plötzlichen starken

Blutverlust. Chamisso bleibt angesichts des Todes seiner Frau äußerlich gefasst, verfällt aber in eine schwere Depression. Die Schwermut, die in der Frühzeit seiner Erwachsenenjahre sein ständiger Begleiter war, holt ihn nun wieder ein. Emilie, eine Schwester Antonies, zieht zu ihm und kümmert sich um die Kinder und den Haushalt. Um seine Verzweiflung durch Arbeit in Schach zu halten, beschäftigt er sich mit einem Wörterbuch der hawaiischen Sprache. Aber er bleibt, trotz aller Trauer und eigener Krankheit, immer noch interessiert an der Welt von morgen. So reist er im Herbst nach Leipzig, um mit der Eisenbahn auf der eben fertiggestellten Strecke nach Dresden zu fahren. »Ich hätte nicht ruhig sterben können«, kommentiert er dieses Erlebnis, ohne »vom Hochsitze dieses Triumphwagens in die sich entrollende Zukunft hineingeschaut« zu haben (zitiert nach: Richter, S. 188).

Es ist sein letzter größerer Ausflug. Im **März 1838** bittet er aufgrund von anhaltender körperlicher Schwäche um seine Versetzung in den Ruhestand. Am **4. August** erhält er den Bescheid, dass dem Antrag stattgegeben sei und er in Anerkennung seiner Verdienste sein Gehalt unvermindert weiterbeziehen werde. Das ist großzügig entschieden und doch keine große Belastung für die Staatsfinanzen, denn das Gehalt war eher klein und keine drei Wochen später – er hat gerade noch seine Arbeiten am Musenalmanach für das Jahr 1839 abschließen können – ist Chamisso tot. Er stirbt, nachdem er bereits Tage zuvor kaum mehr bei Bewusstsein gewesen ist, am **21. August** 1838 im Alter von 57 Jahren. In den Fieberphantasien seiner letzten Nacht soll er ganz in die französische Muttersprache zurückgefallen sein.

Am **23. August** wird Chamisso seinem eigenen Wunsch gemäß in aller Stille auf dem Friedhof vor dem Halleschen Tor an der Seite seiner Frau beigesetzt. Der Großteil seiner wissenschaftlichen Sammlungen geht, wie er es testamentarisch verfügt hat, in den Besitz der Berliner Universität über.

Illustration von George Cruikshank (1792–1878) mit Randzeichnungen von Peter Carl Geißler (1802–1872) zum »Peter Schlemihl« (vgl. Seite 122)

Illustration von George Cruikshank (1792–1878) mit Randzeichnungen von Peter Carl Geißler (1802–1872) zum »Peter Schlemihl« (vgl. Seite 122)

westermann GRUPPE

Druck A 1 / Jahr 2020
Alle Drucke der Serie A sind im Unterricht parallel verwendbar.
Bildnachweis: S. 2: »Loose Blätter Sammlung, Tromsdalen, Norwegen« (mit herzlichem Dank an Herrn Prof. Dr. Michael Schmidt und Frau Prof. Dr. Marie-Theres Federhofer); S. 6, 81, 82, 103, 123, 124, 145, 148 und 149: Fotos: Hans-Georg Schede, Freiburg; S. 90: wikimedia commons / Riverobserver; S. 91: © Kleist-Museum Frankfurt (Oder); S. 102: wikimedia commons / FA2010; S. 107: wikimedia commons / Nutzer 2206~commonswiki: S. 115: wikimedia commons / Parpan05

Redaktion, Satz, Erläuterungen und ›Leben und Werk im Überblick‹: Dr. Hans-Georg Schede, Freiburg
Layout: Yvonne Behnke, Berlin
Druck: Westermann Druck GmbH, Braunschweig
ISBN 978-3-14-**120026**-3

Schroedel Interpretationen

ISBN 978-3-507-47741-4

Die »Schroedel Interpretationen« bieten anspruchsvolle, doch verständlich und interessant geschriebene Darstellungen und Deutungen von wichtigen Werken der deutschen Literatur. Dabei liegt ein besonderer Akzent auf der Vermittlung literaturgeschichtlicher Kenntnisse.
Die Bände der Reihe eignen sich besonders zur Vorbereitung auf Referate, Hausarbeiten, Klausuren und Prüfungen. Band 41 hat einen Umfang von 128 Seiten und enthält zahlreiche Abbildungen.

Weitere Bände der Reihe in Auswahl:

Bertolt Brecht: Leben des Galilei
ISBN 978-3-507-47702-5

Georg Büchner: Woyzeck
ISBN 978-3-507-47708-7

Friedrich Dürrenmatt: Die Physiker
ISBN 978-3-507-47712-4

Theodor Fontane: Effi Briest
ISBN 978-3-507-47707-0

Johann Wolfgang von Goethe: Faust I
ISBN 978-3-507-47721-6

Hermann Hesse: Der Steppenwolf
ISBN 978-3-507-47740-7

Franz Kafka: Die Verwandlung
ISBN 978-3-507-47727-8

Gotthold Ephraim Lessing: Emilia Galotti
ISBN 978-3-507-47724-7

Thomas Mann: Der Tod in Venedig
ISBN 978-3-507-47728-5

Friedrich Schiller: Kabale und Liebe
ISBN 978-3-507-47723-0

Inhaltsverzeichnisse und Probeseiten zu allen Bänden der Reihe:
www.schroedel.de/Interpretationen